Martin Niemöller

dargestellt von Matthias Schreiber

Rowohlt

**rowohlts monographien begründet von Kurt Kusenberg
herausgegeben von Wolfgang Müller und Uwe Naumann**

Redaktionsassistenz: Katrin Finkemeier
Umschlaggestaltung: Walter Hellmann
Vorderseite: Martin Niemöller, 1962
(Aus: Der Mann in der Brandung.
Hg. von Herbert Mochalski. Frankfurt a.M. 1962)
Rückseite: «Vom U-Boot zur Kanzel», Umschlag. 1934
(docfilm, Darmstadt)
Frontispiz: Martin Niemöller, 1977

Originalausgabe
Veröffentlicht im Rowohlt Taschenbuch Verlag GmbH,
Reinbek bei Hamburg, Juli 1997
Copyright © 1997 by Rowohlt Taschenbuch Verlag GmbH
Alle Rechte an dieser Ausgabe vorbehalten
Satz Times PostScript Linotype Library, Quark XPress 3.32
Gesamtherstellung Clausen & Bosse, Leck
Printed in Germany
1290-ISBN 3 499 50550 9

Inhalt

Marienkirche und Geburtshaus Martin Niemöllers in Lippstadt/Westfalen

Kindheit

Der 14. Januar 1892 war ein Donnerstag. An diesem Wintertag geriet das geordnete Leben eines westfälischen Pfarrhauses in lebhafte Aufregung: Ein Kind kam zur Welt, ein Sohn, den die Eltern Martin nannten. Sie hatten guten Grund für die Wahl dieses Namens. Der Vater, Heinrich Niemöller (1859–1941), Sohn eines Dorfschullehrers und Organisten, war damals lutherischer Pfarrer in Lippstadt, der ersten Stadt in Westfalen, die sich der Reformation angeschlossen hatte.[1] 1884 war er, zunächst als Hilfspastor, an die dortige traditionsreiche Marienkirche gekommen. Das Bekenntnis zu und die Erinnerung an Martin Luther und die Reformation waren für die Namenswahl entscheidend.

Drei Jahre zuvor, 1889, hatten Heinrich Niemöller und Paula Müller (1868–1956) geheiratet. Beide kannten sich schon seit Kindertagen aus ihrer Heimat, dem Tecklenburger Land. Ihr Trauspruch ist erwähnenswert, weil er über den Alltag im niemöllerschen Pfarrhaus Auskunft gibt: «Ich aber und mein Haus, wir wollen dem Herrn dienen.» (Josua 24, 15) Es war ein damals typischer Trauspruch für eine Pfarrersehe.

Über Jahrhunderte galt das Leben der Pfarrersfamilie als Beispiel für das Gemeindeleben. Mit Hausandachten und Gebeten, über deren Einhaltung der Pfarrer wachte, lieferte seine Familie die Maßstäbe für das religiöse Leben der gesamten Kirchengemeinde. «Wenn seine Kinder in der Kenntnis von Psalmen, Bibeltexten und Kirchenliedern nachließen, mußte er sich nicht wundern, wenn der Kenntnisstand in den Häusern der Bauern und Bürger sank.»[2] Vorbild, auch für den sprichwörtlichen Kinderreichtum im evangelischen Pfarrhaus, war Luthers Familie. Heinrich und Paula

Niemöller hatten insgesamt sechs Kinder. Ihr ältester Sohn Heinrich, der den Namen des Vaters trug, starb 1894 im Alter von vier Jahren. Martin (geboren 1892) bekam noch vier jüngere Geschwister: Magdalene (geboren 1894), Pauline (geboren 1896), Wilhelm (geboren 1898) und Maria (geboren 1901).

Das protestantische Pfarrhaus des 19. Jahrhunderts war berühmt für seine bürgerliche Erziehung. Es war der Musik ebenso zugetan wie der Literatur und der Philosophie. Der im Bürgertum wohlbekannte Adelskalender prominenter Pfarrerskinder verpflichtete. Zu ihm gehörten neben vielen anderen die Dichter Matthias Claudius und Gotthold Ephraim Lessing, die Philosophen Friedrich Wilhelm Joseph von Schelling und Friedrich Daniel Ernst Schleiermacher sowie die Historiker Theodor Mommsen und Jacob Burckhardt. Daß die Erziehung im Pfarrhaus auch mit Druck und Belastungen verbunden sein konnte, wurde damals nur selten gesehen. Die Pfarrerskinder Friedrich Nietzsche, Hermann Hesse und Gottfried Benn wären dafür als Beispiele zu nennen.

Hilfsbereitschaft, Fürsorglichkeit und Solidarität erwartete der Pfarrer von seinen Kindern ebenso wie Sparsamkeit, Fleiß und Sinn für karge Lebensführung. Gehorsam und Treue waren darüber hinaus Ziele der Erziehung; keine Flüche und unschönen Worte waren erlaubt, kein Sich-gehen-Lassen. Im Pfarrhaus hatte Friede zu herrschen.

Daß diese Tugenden auch im Hause Niemöller hochgehalten wurden, beschreibt Martins Bruder Wilhelm in seinem Buch über den «Vater Niemöller»: «Der Hausvater sorgte für Ordnung und Pünktlichkeit. Es war ihm nicht gleichgültig, was aus den Schularbeiten seiner Kinder wurde. Aber er verlangte zum mindesten saubere Schrift und gute Ordnung, wie er auch von Zeit zu Zeit in den Stuben der Kinder erschien wie ein ‹Unteroffizier vom Dienst›. Es ärgerte ihn, wenn nicht ganz pünktlich aufgestanden wurde, zumal er selbst ein ausgesprochener Frühaufsteher war. [...] Die Morgen- und Abendandacht wurde – oft unter erheblichen Schwierigkeiten – regelmäßig gehalten. Da wurde viel gesungen und aus dem ‹Pilgerstab› von Spengler die Andacht gelesen. Der Sonntag fand die Familie im Gotteshaus beisammen. Da der Vater in Elberfeld in verschiedenen Kirchen der großen Gemeinde herumpredigen mußte, kam oft ein ansehnlicher Kirchweg zustande. Die ganze Familie zog dann mit dem Gesangbuch unter dem Arm hinter dem Prediger her.»[3]

Und über den Charakter der Eltern schreibt der Sohn: «Er war die harmonische Ruhe, sie war voller Temperament; er blickte in die Weite, sie sorgte, daß das Nächstliegende recht getan wurde; vielleicht kann man sagen: Er war das Herz und sie die Seele des Hauses.»[4]

Typisch für das Pfarrhaus des letzten Jahrhunderts war die Rolle der Pfarrfrau: Der Bericht, den Wilhelm Niemöller über Tun und Wirken der Mutter gibt, hat geradezu klassische Züge: «Sie hielt ihm den Rücken frei für seine große Arbeitsleistung und seine ausgedehnte Reisetätigkeit. Sie sorgte dafür, daß alle Sorgen des täglichen Lebens von ihm ferngehalten wurden. Sie trug die Hauptlast der Kindererziehung. Sie schrieb seine Manuskripte für die Drucklegung bis in die Nächte hinein. Sie schlug sich mit Kindern und Haushalt durch, wenn er auf lange Reisen ging.»[5]

Johann Christoph Hampe, Pfarrer und Schriftsteller, hat einmal über die Pfarrfrau geschrieben, «daß nicht der Pfarrer, sondern seine Frau, wie in allen Häusern, auch die Seele dieses Hauses ist. Wir hätten unsere Erfahrungen mit dem evangelischen Pfarrhaus an ihr darzustellen, nicht an ihm. Denn er ist der Außenseiter. Er wird sich zurückziehen, wenn das Essen vorbei und die Spielrunde mit den Kindern abgeleistet ist. Er sucht seinen Tempel auf, den Schreibtisch mit dem Kreuz darauf. […] Da ist es an der Pfarrfrau, wiederum auf Zehen zu gehen in der Pfarrwohnung mit ihrem knarrenden Riemenparkett.»[6]

Auch Martin Niemöller selber hat rückblickend jenen dem Pfarrhaus eigenen Rhythmus beschrieben, wie er ihn als Kind erlebte: *Wir sind im Pfarrhaus aufgewachsen; und in Elberfeld wie in Lippstadt stand das Haus im Schutz einer Kirche: Die Kirchenglocken haben jeden unserer Tage eingeläutet und beschlossen, und wir haben die Kirche liebgewonnen als unsere zweite Heimat. Jeder Tag begann mit Gottes Wort, und am Abend war es das letzte, was wir hörten; es war ein starkes und frohes Wort, das uns geleitete, und es war ein starkes und fröhliches Leben, das uns umgab und*

Heinrich und Paula Niemöller mit Martin (im Kleidchen)
und dem früh verstorbenen Bruder Heinrich, um 1893

trug; [...] man kann über die Möglichkeiten einer christlichen Erziehung denken, wie man will; aber daß der Geist eines frommen Elternhauses mit zu den entscheidenden Gestaltungskräften eines Menschenlebens gehören kann, duldet für mich nach meinen eigenen Lebenserfahrungen keinen Zweifel; ja, es wird immer deutlicher, wie stark die ersten Eindrücke aus den Kinderjahren im elterlichen Pfarrhaus zu Lippstadt nicht allein als Erinnerung in mir lebendig geblieben sind, sondern in Jahrzehnten weitergewachsen sind und sich heute noch auswirken.[7]

Eine so geartete *entscheidende Gestaltungskraft*, wie Niemöller an seinem Lebensende bekannte, gehört in die Elberfelder Zeit. Im Jahr 1900 wurde der Vater Pfarrer der evangelisch-lutherischen Gemeinde in Elberfeld. Der Neunjährige begleitete seinen Vater bei Hausbesuchen und saß in der Stube eines frommen Webers. Ein einziger eingerahmter, aus Samt gestickter Wandspruch zierte die weißgekalkte Wand. Es war eine Frage, und die sprang ihm sofort ins Auge und von dort ins Herz: «Was würde Jesus dazu sagen?»

Vaterländisch und kaisertreu – so zeigte sich der Protestantismus in der zweiten Hälfte des 19. Jahrhunderts. Zwar war es der Anspruch der Pfarrerschaft, unpolitisch und überparteilich zu wirken, aber die Nähe zur Monarchie blieb unverkennbar.

Auch Heinrich Niemöller war ein Verehrer des Kaisers. Seine erste Begegnung mit Wilhelm II. fiel auf den Reformationstag 1892 während der feierlichen Wiedereinweihung der Wittenberger Schloßkirche. In Talar und Barett stand er inmitten von Amtsbrüdern und Menschenmassen, die des Kaisers Weg zur Kirche säumten. Überwältigt von seinen patriotischen Gefühlen, erwies der westfälische Pfarrer dem preußischen Landesherrn, der ja zugleich Primus der altpreußischen Kirche war (summus episcopus), auf besondere Weise die Ehre: Voller Verzückung warf er zur Verwunderung aller sein Barett mitten unter die kaiserliche Ehrengarde.

Sechs Jahre später gehörte er dann zum Gefolge, als Kaiser Wilhelm II. in Aufnahme der Tradition der Staufferkaiser ins Heilige Land zog, um dort unter anderem die von ihm gestiftete

Erlöserkirche in Jerusalem – ein im Kreuzfahrerstil errichtetes Monument gegen die Bedrohung des Christentums durch östliche Religionen – einzuweihen.[8]

Die preußische Monarchie zeigte sich gern mit ihrer kirchlichen Perücke. Und die Kirche vertraute im großen und ganzen der Echtheit dieser Haartracht. Dem Staat, so lehrten es die Theologen, gebührt Gehorsam. Der Obrigkeit, so lernten dann die Konfirmanden, sei untertan! Nicht einmal wo der Staat versagte, wie zum Beispiel in der sogenannten Arbeiterfrage, übte der staatstreue Preuße Kritik. Das taten allein die Sozialdemokraten, die, wie man damals meinte, vom Teufel geritten wurden. Ihr Protest rückte Pfarrhaus und Gutshaus noch enger zusammen.

Kirche und Adel waren gegenüber den Forderungen des Proletariats ratlos. Zwar gab es einzelne, bedeutende Pfarrer wie Johann Hinrich Wichern, Adolf Stoecker und Friedrich von Bodelschwingh, die sich für soziale Reformen unter monarchischem Vorzeichen einsetzten. Insgesamt verengte sich die Kirche jedoch zur Fluchtburg, die ihre Güter, die Bildungsgüter ebenso wie die materiellen und nationalen Güter, als christliche verteidigte. Und Pfarrer, die ihr Barett dem Kaiser nicht zu opfern bereit waren, ja sogar der verteufelten Demokratie die Hand reichten, mußten ihren Hut nehmen, wie Johann Christoph Blumhardt, als er 1899 der Arbeiterpartei beitrat.

Sechs Wochen zählte Martin Niemöller, als Wilhelm II. am 24. Februar 1892 in einer Rede ausrief: «Wir leben in einem Übergangszustande! Deutschland wächst allmählich aus den Kinderschuhen heraus, um in das Jünglingsalter einzutreten […] und auf dem Wege vorwärtszuschreiten, der mir vom Himmel gewiesen ist. […] Zu Großem sind wir noch bestimmt, und herrlichen Tagen führe ich euch noch entgegen.»[9]

Tatsächlich begann in den neunziger Jahren ein wirtschaftlicher Aufschwung, unter anderem durch Elektrifizierung und Motorisierung, durch Funkwesen und chemische Industrie. Firmennamen wie Bosch und Benz, Bayer und Hoechst, AEG und Siemens zeugen davon. Aber, «in das Jünglingsalter eintreten», das hieß für den Kaiser von Gottes Gnaden und seine Berater doch noch mehr. Mit England zuerst, aber auch mit Frankreich, mit Spanien

Kaiser Wilhelm II. Gemälde von Max Kroner, 1890.
Ein französischer General sagte dazu: «Das ist kein
Porträt, sondern eine Kriegserklärung.»

und Portugal wollte man die Kräfte messen; und das konnte nur,
wer auf dem großen Wasser, auf dem Meer mitfuhr. Für den
außenpolitisch besonnen handelnden Bismarck hatte der Satz gegolten: «Je weniger Afrika, desto besser.» Für seine Nachfolger
sprach der spätere Reichskanzler Bernhard von Bülow 1897: «Wir
wollen niemanden in den Schatten stellen, aber wir wollen auch
einen Platz an der Sonne.» Deutschland wollte als Kolonialmacht
weltpolitischen Einfluß erlangen.[10]

Und so begann mit dem Entschluß zum Flottenbau Mitte der neunziger Jahre jene gewaltige Propaganda ihres Architekten, des Großadmirals Alfred von Tirpitz, von deren Welle auch der kleine Martin Niemöller erfaßt, mitgerissen und, wie sein Weg im Ersten Weltkrieg zeigt, verschluckt wurde. Sonntags trug er den «Matrosenanzug», der längst zum klassischen Sonntagsanzug für Knaben geworden war. In seinem Zimmer hing ein Werbeposter der Marine, auf dem sämtliche Schiffstypen der deutschen Flotte verzeichnet waren. Martin Niemöller kannte sie auswendig. Die Wände hatte er von oben bis unten mit Schiffsbildern beklebt. Zu Weihnachten wünschte er sich Marinekalender und Nauticus, das 1899 erstmals erschienene «Jahrbuch für Deutschlands Seeinteressen». Sein Bett war ihm Barke, das Laken Segel, und seine Schwestern mußten ihm Flaggen für imaginäre Schiffe nähen, auch Wimpel für einen Signaldienst, über den er auf seemännische Manier Nachrichten mit seinen Freunden in der Nachbarschaft austauschte. In seinen Schulheften finden sich Skizzen und Zeichnungen von Kriegsschiffen. Mathematik und Physik waren seine Lieblingsfächer.[11] Insgesamt läßt sich wohl sagen: Der Schüler Martin Niemöller war gleichsam der lebende Beweis für den Erfolg der Tirpitzschen Flottenpropaganda.

Martin Niemöller war von bestimmendem Wesen. In der Schulkapelle etwa oblag ihm die Rolle des Kapellmeisters, die ihm sehr gut gefiel. Er gab den Takt vor, und die Mitschüler hatten nach seinem Stock zu spielen.

Im Jahr 1910 verließ er mit ausgezeichnetem Abitur das Elberfelder Gymnasium als der primus omnium: «Sehr gut» in allen Fächern außer dem Französischen, in dem er «Gut», und dem Betragen, in dem er nur «Im ganzen gut» erhielt. Von den dreiundzwanzig Klassenkameraden, die mit ihm die Reifeprüfung bestanden, überlebten nur fünf den Ersten Weltkrieg.[12]

Unmittelbar nach dem Abitur trat Niemöller als Seekadett in die Kaiserliche Marine ein. Daß ein Pfarrerssohn einen militärischen Beruf wählte, war damals nicht ungewöhnlich. Die Kirche ist, seit es sie gibt, mit Kriegen groß geworden. Krieg war ein Handwerk und der Beruf des Soldaten ein in der Kirche geachteter. Auch für die Kirche war der Krieg ein Mittel, die Freiheit zu erhalten oder

Martin Niemöller
und sein Freund
Hermann Bremer
als Kadetten
der kaiserlichen
Marine

Die Familie Niemöller, Weihnachten 1913. Ganz rechts der Vater
Heinrich Niemöller, zweite von links seine Frau Paula, rechts daneben
ihr Sohn Martin

zurückzuerlangen. Und die Christen waren nach der kirchlichen
«Lehre vom gerechten Krieg» sogar verpflichtet, an einem ge-
rechten Krieg teilzunehmen, während sie an einem ungerechten
Krieg nicht teilnehmen durften.

Zum gerechten Krieg gehörten im wesentlichen drei Kennzei-
chen: Der Kriegsgrund mußte gerecht sein; die Mittel der Kriegs-
führung mußten gerecht sein; und es mußte die begründete Aussicht bestehen, daß der Krieg sein Ziel erreichte, ohne ungerecht-
fertigte Opfer zu fordern. Ein gerechter Krieg war für die Kirche
wenn auch nicht der Vater aller Dinge, so doch die Fortführung
der Politik mit anderen Mitteln. Und zur Zeit des heranwachsen-

16

den Niemöller war Krieg mit der Erinnerung an etwas Schönes verbunden, an die Siege der vergangenen Jahrzehnte. Diese Begeisterung spürt man auch in den Lebenserinnerungen des Vaters, in denen er beispielsweise schreibt: «In meine Jugend fielen die großen Kämpfe und [...] Siege von 1864, 1866 und 1870/71, wodurch unser Vaterland einig und stark geworden ist.»[13] Krieg, das war für Martin Niemöllers Generation ein Volksfest, das war das jährlich gefeierte Sedansfest. Darin waren sich Kaiser und Kirche einig. Freilich, die erschöpfenden Materialschlachten des Ersten Weltkriegs kannte man noch nicht.

In Niemöllers Kindheit wurde in Preußens Kirchen und Schulen gern ein Lied Ernst Moritz Arndts gesungen, dessen erste Strophe lautet:

«Der Gott, der Eisen wachsen ließ,
der wollte keine Knechte,
drum gab er Säbel, Schwert und
    Spieß
dem Mann in seine Rechte;
drum gab er ihm den kühnen Mut,
den Zorn der freien Rede,
daß er bestände bis aufs Blut,
bis in den Tod die Fehde.»

«Gott mit uns», so lautete die Devise des Glaubens an eine besondere deutsche Sendung – gutgläubig geschmiedet auf die Koppelschlösser der Soldaten. «Wenn auch tausend fallen zu deiner Seite und zehntausend zu deiner Rechten, so wird es doch dich nicht treffen» – mit diesem Vers aus Psalm 91 wurden Tausende Konfirmanden eingesegnet und auch von der Kirche auf den im-

17

mer näher rückenden Krieg vorbereitet. Ebenso gern wählten die Pfarrer einen Bibelspruch aus der Offenbarung (2, 10): «Sei getreu bis an den Tod, so will ich dir die Krone des Lebens geben.»

Niemöller erinnerte sich später: *Ja, daß man als Christ Soldat sein konnte, war damals überhaupt noch kein Problem. Ich habe während des ganzen Krieges, während meiner ganzen U-Boot-Zeit immer meine Taschenbibel bei mir gehabt und habe auch häufig drin gelesen und daraus zu leben versucht, wie man das damals verstand. Das war eben noch: Man ist Christ und man ist Deutscher.*[14]

Wenn es für einen preußischen Bürgersohn einen Ort gab, Gott und seinem König zu dienen, dann, so dachten viele, war es das Militär und hier vor allem die Marine. «Volldampf voraus!» – mit diesen beiden Worten hatte Wilhelm II. sich 1890 von Bismarck verabschiedet und Deutschland eine Zukunft «auf dem Wasser» prophezeit. Bürgersöhne konnten als Seeoffiziere Karriere machen, dafür stand der Wind günstig. Dort konnten sie Ansehen erlangen, ohne vom Prestige des Adels überschattet oder erdrückt zu werden. Und dann: Die Kriegstechnik und insbesondere die Marine mit Schiff- und Luftschiffbau ließen das Herz Niemöllers höher schlagen, der von der neuen Spitzentechnologie fasziniert war.

1934 schrieb Martin Niemöller rückblickend zu seiner Berufsentscheidung: *Als ich nach bestandenem Abiturium das Elternhaus verließ, um in die kaiserliche Marine einzutreten und damit den brennenden Wunsch, der mich von früher Kindheit an erfüllt hatte, zu verwirklichen, da [...] ging ich ruhig meinen Weg, und ich bin als Seeoffizier über alle Maßen glücklich geworden in meinem Beruf.*[15]

Im Krieg

Im Jahr 1958 erinnerten sich zwei Männer an ihr entferntes Zusammentreffen während des Ersten Weltkriegs, das beinahe ein tödlicher Zusammenstoß geworden wäre: Der eine war Albert Schweitzer und inzwischen Friedensnobelpreisträger. Er wurde seinerzeit als Kriegsgefangener auf einem französischen Dampfer nach Europa gebracht. Der andere war Martin Niemöller und nobelpreisverdächtig. Er hatte den feindlichen Dampfer als U-Boot-Offizier ins Visier genommen.

«Lieber Herr Niemöller», so schrieb der Arzt aus Lambarene, «wo stand Ihr Unterseeboot im November 1917? Das Schiff, auf dem ich mit meiner Frau als Gefangener nach Europa befördert wurde, lag mit einem ganzen Konvoi im Hafen von Dakar und wagte sich nicht heraus, weil ein deutsches Unterseeboot davor läge. Nun habe ich vor längerer Zeit gelesen, daß Ihr Boot zu jener Zeit in jenen Gewässern sein Wesen gehabt habe. Es wäre mir interessant zu wissen, ob Sie mir wirklich einmal nach dem Leben getrachtet haben, was ich ihnen natürlich im voraus verzeihen würde, christlicherweise.»

Hochverehrter lieber Herr Professor, ich war damals tatsächlich Erster Offizier auf U 151, und wir haben vor dem Hafen von Dakar unser Wesen oder Unwesen gehabt. Es ist aber nichts Ernsthaftes passiert bis auf eine Kanonenschießerei mit dem Dampfer Rhone. Das Schiff war aber für uns viel zu schnell.

«Lieber Herr Niemöller», antwortete Albert Schweitzer, «Sie haben mir also tatsächlich aufgelauert und nach dem Leben getrachtet. Wenn es Ihnen geglückt wäre, hätten Sie jetzt einen braven Kumpanen weniger im Anti-Atom-Kampf. Da es sich schon so gefügt hat, wollen wir um so besser zusammenhalten.» [16]

Albert Schweitzer hatte Niemöllers Buch *Vom U-Boot zur Kanzel* gelesen. Es erschien im Jahr 1934 und wurde ein Bestseller. Als Reichspropagandaminister Goebbels es im September 1940 verbot, hatte es eine Auflage von 90000 Exemplaren erreicht. *Vom U-Boot zur Kanzel* ist zu zwei Dritteln das stilistisch überarbeitete Kriegstagebuch Niemöllers. Im letzten Teil beschreibt Niemöller seinen Weg ins Pfarramt. Vom nationalen Tenor seines Kriegsberichtes hat der preußische Marineoffizier sich nie distanziert. Das Buch liest sich über weite Teile wie ein Reisebericht von einer Segelfahrt durch die Adria. Unvermittelt bringt Niemöller dazwischen Schilderungen vom Kampfgeschehen. Es ist spannend geschrieben, und der Leser wird förmlich in den Bann der Erzählung hineingezogen, so daß er schnell zu vergessen bereit ist: Es handelt über die Zeit, die man den Ersten Weltkrieg nennt und in der nahezu neun Millionen Menschen ihr Leben ließen.

Zu Beginn des Ersten Weltkriegs war Niemöller auf der *Idiotenschaukel* stationiert, wie die «Thüringen», ein altes Linienschiff, genannt wurde. Nachdem er im ersten Kriegsjahr vergeblich auf einen Einsatz gewartet hatte, meldete er sich im Herbst 1915 zur U-Boot-Abteilung: *Wir jungen Leutnants träumten von Fliegerei und Unterseebooten, von Torpedobooten und Luftschiffen; denn freilich war es hart, sein Leben nutzlos als Wachhabender, mit der Schärpe um den Leib, an Deck eines zu Anker liegenden 23000 Tonnen Schiffes zuzubringen, während Kameraden und Freunde den Krieg führten, in dem das ganze junge Deutschland sein Leben einsetzte.*[17]

Im Anschluß an einen mehrmonatigen Lehrgang wurde Niemöller im Februar 1916 auf U 73, einem Minenboot, Zweiter Wachoffizier und hatte zwei Einsätze an der Mittelmeerfront. Im Januar 1917 fuhr er als Steuermann auf U 39, das ebenfalls im östlichen Mittelmeer kreuzte. Nach einem für ihn nicht besonders aufregenden Zwischenspiel beim Admiralsstab (Mittelmeerabteilung) in Berlin wurde er im Juni 1917 Erster Offizier auf U 151, einem neuen Unterseeboot mit einer achtzigköpfigen Besatzung. Im Mai 1918 erfüllte sich dann sein Traum: Der Oberleutnant zur See Martin Niemöller erhielt das Kommando auf UC 67, von dem er noch Jahre später schwärmt: *UC 67 erwies sich als ein feines*

Boot: Es lief mit seinen Dieselmaschinen noch immer seine guten 12,5 Seemeilen, tauchte wie eine Ente und hatte hervorragende See- eigenschaften über und unter Wasser.[18]

Wie es nun Niemöller im Krieg ergangen ist, was er erlebte und auch durchlitt, ist im Kriegstagebuch zu lesen.

Sommer 1916: *Du schöne blaue Adria! Ja, das war ein Sommer an der Adria von märchenhafter Schöne! [...] Was gerade an «Heinrichen» [Offizieren] in Pola anwesend war, pilgerte mittags nach dem Essen von der alten Fregatte «Adria», die uns als Wohn- schiff und Flottillenbüro diente, über den Berg an die Seeküste, und dann hub ein fröhliches Badeleben an bei der «Taubengrotte». [...] Und es geschah wohl auch einmal, daß auf den Kalksteinfelsen der Taubengrotte eine richtiggehende Bowle angesetzt und ausgebe- chert wurde. [...] Die Fahrt durch die dalmatinischen Inseln [...] gehört sicherlich zu dem Eindrücklichsten an landschaftlicher Ei- genart, was es in Europa gibt: tagelang geht die Fahrt zwischen größeren und kleineren Felseninseln dahin, hier und da eine kleine Siedlung mit ein wenig Grün zwischen den weißgrauen Felsen, im Hintergrund die hohen Wände und Berge der Felslandküste, rings- um Herden von Schweinsfischen und eine unwirklich blaue See, auf der die Sonne leuchtet.*[19]

Oktober 1917: *Im Passat. Wir liegen an Oberdeck herum, lesen, lassen uns von der Sonne braten und baden in unserer Patentbade- wanne. [...] Mit dem Schlafen ist es nach soviel Erholung nichts Rechtes mehr; um so eifriger wird Doppelkopf gespielt. [...] Unser Hamburger Koch kommt auf die Idee, eine Haiangel auszubrin- gen, und fängt auch tatsächlich damit am 27. Oktober einen noch nicht ganz ausgewachsenen, aber doch schon recht kräftigen Hai. Es ist schwierig, das Ungeheuer an Deck zu bringen, und kaum ist es oben, da versetzt es dem Koch einen derartigen Schlag mit dem Schwanz, daß Elze beinahe über Bord gegangen wäre! Abends gibt es Haisteak, das Eichholz und ich uns gutschmecken lassen; aber sonst ist keiner zu bewegen, auch nur ein Stückchen zu probieren.*[20]

Auf das eigentliche Kriegsgeschehen bezogen empfindet Nie- möller: *Der ganze Krieg spielte sich eben noch in recht sportlich fai- ren Formen ab.*[21] Diesen Eindruck vermittelt sein Bericht, wenn er darin darstellt, wie ein feindliches Schiff gesichtet, verfolgt und ver-

«Im Nordostpassat südwärts». Foto aus Martin Niemöllers Buch
«Vom U-Boot zur Kanzel»

senkt wird. Der Seeteufel formuliert als Ziel: *Hier müssen Tonnen
versenkt werden!*[22] Nahezu auf jeder zweiten Seite beschreibt er
minutiös ein derartiges Spektakel: *Der folgende Tag, wir zählten
mittlerweile den 19. September, brachte uns dann die erste Beute in
Gestalt der französischen Viermastbark «Blanche» aus Dünkirchen,
die in Ballast nach Chile unterwegs war, um Salpeter zu holen: ein
schönes, großes stählernes Schiff von dreitausend Tonnen. Sie wehrte
sich wacker mit ihren drei Geschützen; aber am Ende waren wir doch
die Stärkeren und brachten sie bei Dunkelwerden durch einen Tor-
pedotreffer zum Sinken.*[23] Nach dem Abschuß erklang, wie bei jedem Sieg über ein feindliches Schiff, aus der Offizierskabine das
Grammophon: «Deutschland, Deutschland über alles!»
   Nach Niemöllers Tod fanden sich in seinem Arbeitszimmer unter Hunderten von Marinebildern auch Serien sinkender gegnerischer Schiffe, minutiös fotografiert, einige von der ersten Schlag-
seite bis zum verbleibenden Treibgut.

Solche Bildreihen sinkender gegnerischer Schiffe bewahrte Martin Niemöller
bis zu seinem Tode sorgfältig auf.

Wie es beim Sport dazugehört, will auch im Krieg das Verlieren
gelernt sein: *«Auftauchen! Preßluft auf alle Tanks!» U 151 kommt
an die Oberfläche. Turmluk auf! «Gebläse anstellen!» Und während wir auf dem Turm stehen, kommt die Geschützbedienung*

unter Obermaat Pesze durchs Turmluk herauf. Schon stehen drei-
zehn Mann oben auf der Brücke, während sich das Boot immer
höher aus dem Wasser hebt. «Da ist ja noch einer!» schreit mit
einem Mal der Steuermann Hansen. «Alarm! Fluten!» brüllt der
Kommandant dazwischen. Auf dem Dampfer geht ein Flaggen-
signal hoch, und im selben Augenblick saust eine Salve aus drei
dicken Geschützen über unsere Köpfe weg. Die Geschützbedienung
verschwindet, mehr fallend als abwärts kletternd, im Luk. Die
zweite Salve liegt kurz. Das Gebläse ist inzwischen abgestellt; man
hört die Schnellentlüftung zischen, es wird geflutet. «Bums!» die
dritte Salve sitzt im Boot, während ich gerade das Turmluk hinter
mir zuschlagen will. Es geht nicht, ein großes Stück Stahlblech liegt
zwischen Luk und Söll. Ich lasse los und falle in den Turm, schließe
die Panzerblenden an den Turmfenstern und sehe, wie an unserem
vorderen Geschütz die Brocken fliegen. Dann rauscht das Wasser
über uns zusammen, während das Boot noch unter einer vierten
Salve zusammenzuckt. Und nun geht es mit rasender Geschwindig-
keit in die Tiefe: 20 Meter, und von oben kommt durch das halb-
offene Luk eine nicht endende Sturzsee ins Boot geschossen. 30 Me-
ter! Gott sei Dank; der Wasserdruck quetscht das Luk allmählich
zu. 40 Meter, 50 Meter! Wir saufen ab. «Klar bei Preßluft! Preßluft
auf alle Tanks!» das Tiefenmanometer kommt zum Stehen.[24]

Wer *Vom U-Boot zur Kanzel* etwa mit Ernst Jüngers «In Stahl-
gewittern» vergleicht, wird zustimmen, daß sich nur in einem
Gespräch zwischen beiden Autoren hätte klären lassen, wer von
ihnen öfter unverletzt durch die Luft geschleudert worden ist:
dieser, von der Druckwelle einer Granate, oder jener, von der De-
tonation einer Wasserbombe. Nicht zuzustimmen ist jedoch dem
Eindruck, daß der ganze Krieg sich in *sportlich fairen Formen* abgespielt hätte. Allerdings darf bei aller späten Kritik eines nicht
vergessen werden: Der Unterschied zwischen dem Seekrieg und
dem Landkrieg, an dem Jünger teilgenommen hatte. Beim Stande
der damaligen Landkriegstechnik war die Verteidigung dem Angriff überlegen, was jenes grausame Gemetzel zur Folge hatte, das
bis zur beiderseitigen Erschöpfung geführt wurde und im Namen
«Verdun» eine bleibende Mahnung gefunden hat. Einen ver-
gleichbaren Seekrieg aber hat es, sieht man von der Schlacht am
Skagerrak am 31. Mai 1916 einmal ab, nicht gegeben. Nie wurde

die neu entwickelte U-Boot-Waffe für England ein wirklich ernstes Problem. Und doch bleibt festzuhalten: der von Deutschland proklamierte «unbeschränkte U-Boot-Krieg», also der Unterwasserangriff auf gegnerische und neutrale Handelsschiffe ohne Vorwarnung, war für das angreifende U-Boot relativ ungefährlich und im Blick auf die wehrlosen Besatzungen der angegriffenen Schiffe ein hinterhältiges Unterfangen. Es war nichts anderes als ein tödliches Katz-und-Maus-Spiel, das schließlich zur Folge hatte, daß sich noch ein weiterer Gegner Deutschlands in den Krieg einschaltete: die Vereinigten Staaten.

Martin Niemöller reflektierte seine Kriegserlebnisse in sehr subjektiver Weise. Für den kritischen Kriegsbericht eines Arnold Zweig beispielsweise, der von verstümmelten, blutüberströmten menschlichen Rümpfen an der Kampffront berichtet, um den Wahnsinn des Krieges deutlich zu machen, hatte der U-Boot-Kommandant kein Verständnis. Er blieb zeitlebens bei der Sicht, daß sich der Erste Weltkrieg in *sportlich fairen Formen* abgespielt hätte.

Als U 151 am zweiten Weihnachtstag 1917 in Kiel festmachte, konnte sein Erster Offizier folgenden Rekord in seinem Kriegstagebuch festhalten: *Die längste Kriegsfahrt eines deutschen U-Bootes ist beendet: 114 Seetage; 11 400 Seemeilen Marsch; rund 50 000 Tonnen versenkt, nämlich 9 Dampfer, 5 Segler und 1 Zerstörer mit zusammen 17 Geschützen.*[25]

Die Wirklichkeit des Krieges ist mit der Erfahrung von Tod und Sterben eng verknüpft. Für Niemöller stand die Begegnung mit dem Tod aber ganz und gar im Hintergrund. Sie verschwand geradezu hinter dem Operationsbefehl. *Minenlegen und Handelskrieg führen*, lautete die Aufgabe. *Tonnenversenken und Beutemachen*, darum ging es ihm auch dann, wenn das Leben fremder Besatzungen auf dem Spiel stand. So war der Abschuß des englischen Schlachtschiffes «Russell», bei dem 124 Mann als vermißt gemeldet wurden, für Niemöller nichts anderes als *eine Freude besonderer Art*[26].

Und doch, an einer Stelle zeigte der, der ja seinen Weg zur Kanzel, also ins Pfarramt beschreibt, Gewissen. Am 25. Januar 1917 brachte das U-Boot Seiner Majestät 39 einen Dampfer zum Sinken, der gegnerische Truppen transportierte und von zwei moder-

Oberleutnant zur See, 1917. Frontispiz aus Martin Niemöllers Buch
«Vom U-Boot zur Kanzel»

nen Torpedozerstörern begleitet wurde. Einer der Zerstörer versuchte, Überlebende an Bord zu nehmen. *Was tun? – Es liegt uns nicht, den Zerstörer bei seinem Rettungswerk zu stören. Wir möchten ohnehin nicht in seiner Haut stecken; denn wie vielen wird er nicht helfen können! Aber Krieg ist Krieg, und die Leute, die da aus dem Wasser gezogen werden, sind Soldaten, die an die Front sollen, Soldaten, die auf unsere deutschen Brüder schießen werden. Krieg ist Krieg! Und wir versuchen, zu einem zweiten Torpedoschuß auf den Zerstörer zu kommen. Aber der sieht uns, nimmt Fahrt auf und überschüttet uns mit einem Hagel von Granaten. Sie treffen zwar nicht, denn das Seerohr ist ein allzu kleines Ziel; nur ist es mit unserem Angriff jetzt aus. Wir können nur hier und da noch unser Seerohr zeigen und auf diese Weise verhindern, daß der Zerstörer allzu viele Leute aus dem Wasser fischt. […] In der Offizierskammer gibt es noch ein längeres Gespräch: taten wir recht, als wir den Franzosen bei seinem Rettungswerk störten? Ganz wohl war uns allen bei der Frage nicht; aber die Gegenfrage barg ja dieselben Schwierigkeiten: Hätten wir recht getan, wenn wir den Zerstörer bei seinem «Rettungswerk» nicht gestört hätten?! Und plötzlich breitete sich das ganze Rätsel «Krieg» vor unsern Augen aus; mit einemmal wußten wir aus einem Stückchen eigenen Erlebens um die Tragik der Schuld, der zu entgehen der einzelne kleine Mensch einfach zu schwach und zu hilflos ist. Moratorium des Christentums? Wie oft ist in Theologenkreisen damals das Wort gefallen; wir jungen Offiziere ahnten nichts davon, interessierten uns auch wenig für theologische Formulierungen. Aber das sahen wir, daß es Lagen gibt, wo jede gesetzliche Moral Bankrott macht, wo keine Möglichkeit bleibt, sich ein unverletztes Gewissen zu bewahren. Und wo die Frage, ob wir in Verzweiflung oder Trotz scheitern oder aber mit lebendigem Gewissen durch die Anfechtung hindurchgehen, daran und allein daran hängt, ob wir eine Vergebung glauben!*[27]

Ein schlechtes Gewissen steht bekanntlich für die guten Absichten, die man nicht hat. Und so bleibt Niemöllers ethische Reflexion in den Kinderschuhen stecken; ja, schon auf der folgenden Seite verlieren sich seine Krokodilstränen wieder im blutig-salzigen Meerwasser. Niemöller erhielt das *«Eiserne Erste»* und war stolz, es gerade *nicht durch eine entsprechende Zahl von Fahrten, die ich «mitgemacht» hatte, verdient zu haben*, sondern durch den Abschuß gegnerischer Schiffe.[28] Und einige Seiten weiter erklingt aus dem Grammophon wieder die Komposition Haydns zum Lied Hoffmanns von Fallersleben: «Deutschland, Deutschland über alles!» Für die Besatzung von U 151 hatte es wieder mililtärische Gaumenfreuden gegeben.

Niemöllers Gewissensbegriff wurzelt ganz in der Erfüllung seiner Berufspflicht, letztlich also in seiner durch Eid dem Kaiser geschworenen Gehorsamspflicht. Krieg ist Krieg, weil Seine Majestät es fordert. Beruf ist aber mehr als Beruf, er ist Berufung. Die Heiligkeit der Pflichterfüllung wird der Frage, was Jesus dazu sagen würde, noch übergeordnet. Das an den Kaiser gebundene Gewissen tötet mit dem *eisernen Gebot der soldatischen Pflicht*. Es tötet mit dem billigen Trost der Schuldvergebung. Dabei sterben nicht nur Menschen, sondern auch das freie Gewissen. *Wir leben ja, wenn wir auch nicht wissen, was dahintersteckt. Wir wirken noch mit an dem, was in der Welt geschieht, wenn es uns auch verborgen ist, worauf das alles hinaus will. Wir hören ja noch ein Kommando und sind verantwortlich dafür, daß es ausgeführt wird! So halten wir das Leben, das unserm Denken entgleitet, indem wir gehorchen und im Gehorsam handeln. Ja, das heißt wohl überhaupt «Leben»: ein Kommando, ein Wort hören, das unsern Gehorsam fordert. «Auf zwanzig Meter gehen!»*[29] Das Leben war dem Denken entglitten! – Niemöller zeigt mit diesen Sätzen allenfalls eine gewisse Sensibilität dafür, daß ein freies Gewissen sich auch in der Tiefe des Meeres nicht vollständig ertränken läßt.

Dem Kommando zu folgen, das hieß vor allem auch, die persönliche Lebenssituation der Pflicht unterzuordnen. Die Verlobung des Kommandanten von UC 39 wurde im Juli 1918 kurzerhand zwischen zwei Feindfahrten geschoben. Niemöller war für kurze Zeit abkömmlich, weil UC 39 schwer beschädigt zur Reparatur im Dock lag. In solch beispielhafter Unterordnung des Persönlichen gegenüber der Pflicht fand der Gehorsam Sinn und Größe. Niemöllers Braut Else Bremer, eine Elberfelder Arzttochter, war die älteste Schwester seines Freundes und Schulkameraden Hermann Bremer, der 1918 auf UB 104 gefallen ist. Sie studierte in Berlin Deutsch, Englisch und Geschichte mit dem Ziel, Studienrätin zu werden.

Gern wird ins Feld geführt, Niemöller, obwohl er sich zu unbedingtem Gehorsam verpflichtet fühlte, habe diesen doch einmal verweigert. Das ist nicht wahr. Denn als er am 31. Januar 1919 den Befehl erhielt und verweigerte, U-Boote gemäß den Friedensverträgen an England auszuliefern, befand sich Seine Majestät, der und deren Monarchie allein Niemöller den Eid geleistet hatte, bereits im Exil. Von den Verwaltern der Revolution, die ihm allesamt zuwider waren, nahm er keine Weisungen entgegen: «*Herr Kommodore, ich bin drei Jahre auf U-Booten gegen England zur See gefahren; ich habe diesen Waffenstillstand nicht gewollt und nicht geschlossen. Meinetwegen können die Leute unsere U-Boote nach England bringen, die das versprochen haben. Ich tue es nicht!*»[30] Für Niemöller war das keine Befehlsverweigerung, sondern höchste Gehorsamserfüllung. Der Offizier Seiner Majestät blieb dem Kaiser gerade in der Befehlsverweigerung treu. *Ich habe Wilhelm II. einen Eid geschworen. Und der Eid hat mich nach 1918 belastet und mich eigentlich erst freigegeben, als ich 1941 im KZ die Nachricht bekam, daß der Kaiser gestorben war*, sagte Martin Niemöller später.[31]

Nein, Niemöller traf sicher keine Schuld, daß Deutschland den Krieg verlor. *Wenn der Krieg verloren geht, dann soll es an uns beiden jedenfalls nicht gelegen haben!* versicherte er einem befreundeten Offizier, als sich eine Niederlage Deutschlands abzeichnete.[32] Trotz allen Einsatzes, trotz aller Aufopferung kam im Oktober 1918 der Befehl, den Handelskrieg einzustellen und nach Hause zu fahren. Vorerst ausgeträumt war der Traum von der besonderen deutschen Sendung.

Wer trug die Schuld an der Niederlage? Für Niemöller, der für Kaiser und Vaterland das Letzte zu geben bereit war, sein Leben, bestand darüber kein Zweifel: *Auf die Bundesgenossen war kein Verlaß mehr; aber, daß gerade in diesem Augenblick im deutschen Volk die selbstmörderische Zwietracht geschürt wurde, das war das Verbrechen von 1918.*[33] Diese Sätze sind auch mit dem Abstand von vierzehn Jahren zwischen ihrem Empfinden und ihrem Niederschreiben nichts anderes als die Dolchstoßlegende in Reinform. Die Niederlage der unbezwingbaren deutschen Armee, so dachten mit Niemöller viele Deutschnationale, sei nicht durch

Kiel, November 1918: Der Kommandant von UC 67
und seine Mannschaft

den äußeren Feind herbeigeführt worden, sondern, viel schlimmer, durch den inneren: nämlich durch die sogenannte «rote Revolution». Man überging dabei freilich die Tatsache, daß der Beginn der ersten deutschen Demokratie auch eine überfällige Folge der verbrauchten Monarchie war. Mit der Legende vom Vaterlandsverrat durch die Arbeiterklasse sollte das Feuer geschürt werden, das die Weimarer Republik niederbrannte. Obwohl man Niemöller beim stark verkleinerten Militär der jungen Republik ein Kommando in Aussicht stellte, quittierte er den über alles geliebten Dienst. Zum 1. April 1919 schied der Kapitänleutnant zur See Martin Niemöller aus dem aktiven Marinedienst aus: *Es kam mir zum Bewußtsein, […] daß ich es einfach nicht fertigbringen würde, dem neuen Staat, dessen Grundlinien schon erkennbar wurden, als Soldat zu dienen.*[34] Martin Niemöller war ein Gegner der Weimarer Republik. Er beteiligte sich künftig mit verbalen Torpedos daran, die ungeliebte Republik sturmreif zu schießen.

Kopflos – führerlos – ziellos

Martin Niemöller empfand, daß das Land, in das er nach Kriegsende zurückgekehrt war, mit seinem Vaterland, für das er gekämpft hatte, nichts mehr gemein hatte. *Bitternis, Enttäuschung, Ratlosigkeit* erlebte er, und *einen tiefen Groll gegen sein Volk. Nur eins war mir damals vom ersten Augenblick an deutlich, daß mich von dieser «Revolution» und ihren offenen und versteckten Drahtziehern eine Welt schied und in alle Zukunft scheiden würde.*[35]

Niemöllers erster Gedanke war: Weit weg aus diesem fremden Land, weit weg von dem roten und verratenen Deutschland. Als Schafzüchter in Argentinien hoffte er seinen Seelenschmerz überwinden zu können und traf gezielte Vorbereitungen für die Auswanderung. *Ich selber kam mir gleich in den ersten Kieler Tagen in meinem eigenen Vaterland wie ein Fremder vor; so schlimm, wie es hier wirklich war, hatte ich mir den Gesinnungswandel doch nicht vorgestellt. Und nirgends sah man damals einen Kristallisationspunkt, wo sich national denkende Männer fanden, um im Unglück zusammenzustehen und Hand anzulegen. Eigentlich bedauerte ich, daß wir nicht in Spanien geblieben waren; und der Gedanke, ins Ausland zu gehen, war plötzlich ungerufen da, und nicht nur bei mir. Argentinien wurde über Nacht für einige hundert von uns das Land der Sehnsucht.*[36]

Wer nach den Gründen für diesen Heimatschock sucht, wird einen Niemöller finden, der so kaisertreu geblieben ist, daß er in Friedrich Ebert, dem Reichspräsidenten, nicht den Vermittler zur Monarchie sehen konnte, der dieser im Grunde war. Ebert hatte der Armee wie der Justiz, der Großlandwirtschaft wie der Großindustrie ihren hergebrachten, größtenteils aristokratischen Charakter und ihre kaisertreuen deutschnationalen Köpfe belas-

31

sen. Einerlei, für Niemöller war er nichts anderes als ein *sozialistischer Agitator*, das rote Haupt der *Novemberverbrecher*, die seinen und seiner Kameraden treuen und selbstlosen Kampf für Kaiser und Vaterland verraten hatten.[37]

Ebert und seine Genossen hatten, so sah es Niemöller, Deutschland in die Hände der Feinde gegeben und durch die Unterzeichnung des Versailler Friedensvertrags zerstört: Gebietsabtretungen im Osten, Westen und Norden, die als ungeheuer empfunden wurden; die fast völlige Entwaffnung; riesige Reparationslasten; das Abtreten der Kolonien; und das alles in einem Vertragston, der Deutschland zu einem Angeklagten degradierte, welcher sein Urteil empfing, aber nicht als – wenn auch besiegten – Vertragspartner behandelte. Dafür hatte der Kapitänleutnant nicht gekämpft. Dafür hatte er sein Leben nicht aufs Spiel gesetzt. Und dafür waren seine Freunde und Kameraden nicht gefallen.

Hinzu kam, daß der heimatlose Kapitän durch die Dauerinflation der Jahre 1919 bis 1923 sein gesamtes Sparvermögen verlor, das er vollständig in Kriegsanleihen angelegt hatte. Niemöller fühlte sich wie ein Fremder im eigenen Land: *Die Erschütterung, die endlich die Grundfesten meines Wesens und Daseins ins Wanken brachte, so daß ich eine Klärung und Entscheidung für meine Person vollziehen mußte, das war erst die Revolution, die kein Umbruch, sondern ein Zusammenbruch war! Damals versank in mir eine Welt.*[38] Die nationale Einheit von Volk und Kaiser, die 1914 an einem Strang gezogen hatten, war zerstört. Der Rumpf hatte sich selbst enthauptet. *Kopflos, führerlos, ziellos*, so erlebte Niemöller die Atmosphäre im Volk; verpestet mit *der Epidemie der Revolution*[39].

Doch er machte auch die andere Erfahrung; nämlich jene, daß nichts so heiß gegessen wie gekocht wird. Auf «Wieligmanns Hof», einem Musterhof im Tecklenburger Land, der preußischen Heimat seiner Großeltern, bereitete er sich zwischen Mai und Oktober 1919 als Knecht auf seine Zukunft als Landwirt – sei es in Argentinien oder in Deutschland – vor. Immer wieder kam er während der Feldarbeit mit Landarbeitern ins Gespräch, die die neue Zeit stürmisch begrüßt hatten: *Der Versailler «Frieden» war inzwischen bedingungslos angenommen und unterzeichnet worden, und langsam fingen auch die «kleinen» Leute, die irgendwie*

«Wieligmanns Hof» im Tecklenburger Land

mit der Umwälzung sympathisierten, an zu begreifen, daß die Sache nicht gut enden konnte und daß von den Versprechungen, die ihnen fortgesetzt von den sozialistischen Agitatoren gemacht wurden, doch nichts in Erfüllung gehen würde. Es gab bei solchen Aussprachen wohl auch regelrechte Zusammenstöße; aber sie wurden schnell wieder verwunden, weil eine persönliche Beziehung blieb und immer neu zur Brücke wurde, die den aufgerissenen Spalt überwand.

Dieser Umgang mit den Heuerleuten, die eigentlich kleine Pächter, aber nebenbei noch Lohnarbeiter waren, und die sich damals als «Proletarier» fühlten, im Grunde jedoch bodenständige Leute geblieben waren, öffnete mir die Augen dafür, daß jedenfalls ein großer Teil unseres Volkes die «neue» Zeit nur auf Grund einer Selbsttäuschung und ohne wahre innere Beteiligtheit als Fortschritt wertete. Das hatte sich gefährlich angehört, als es im Januar 1919 in Westerkappeln bei der Wahl zur Nationalversammlung plötzlich fast ein Drittel «Marxisten» gab; hier gewann ich einen Einblick, wie es um diesen «Marxismus» in Wahrheit stand. Es steckte nichts dahinter als eine künstlich aufgepeitschte Selbstsucht, die Vorteile witterte, und eine begreifliche Enttäuschung über die in der Revolution von 1918 offenbar gewordene Schwäche eines Systems, das sich so lange selbst als stark ausgegeben hatte.

Und langsam merkte ich, wie verwandt und ähnlich mir diese Menschen waren, wie sie unter der gleichen Enttäuschung und Ratlosigkeit litten, die mich umtrieb und vor der ich mich auf die heimatliche Scholle und in die Einsamkeit des bäuerlichen Lebens hatte flüchten wollen. Und unmerklich schlug ich neue Wurzeln in meinem Volkstum, und die Bitternis, die mich vergiftet hatte, wich allmählich wieder einer lebendigen Anteilnahme an dem, was die Menschen um mich her bewegte. Es war, als ginge jetzt der Pflug über meinen Lebensacker, um ihn für ein Neues zu bereiten![40]

Dahin waren die Pläne vom Schafzüchter in Südamerika und ebenso die vom freien Bauern in Deutschland. Auch ein Angebot des Freikorpskommandanten Wilfried von Loewenfeld auf ein eigenständiges Kommando lehnte Niemöller ab, *weil wir auf die Volksbeauftragten vereidigt werden sollten*[41].

In ihm wuchs der Gedanke, sich von ganz anderer Stelle aus an der «konservativen Revolution» zu beteiligen: *Das künftige Schicksal des Volkes lag bei der Familie, bei Schule und Kirche als den Quellorten schöpferischer Lebenskräfte eines Volkes.*[42] Das Gespräch mit den Landarbeitern hatte ihm gezeigt, daß die anfänglichen Begeisterungsstürme für die Demokratie bereits verflogen waren. Niemöller schwebte eine politische Umerziehung des Volkes durch kirchlich-nationalistische Werte vor, die auch seine Erziehung geprägt hatten. In der Begegnung mit den proletarisch denkenden Landarbeitern hatte er gesehen, daß das verlorene Vertrauen in die konservative Tradition durch vorsichtige Führung wiederherzustellen war. Er, der im Begriff gewesen war, Schafhirte zu werden, beschloß, nunmehr Gottes Herde zu weiden.

Über die Gründe für den Entschluß, Pastor zu werden, kann im nachhinein nur spekuliert werden. Sicher, der Sohn trat in die Fußstapfen des Vaters. Wahrscheinlich trug auch die christliche Sozialisation im Elberfelder Pfarrhaus ihre späte Frucht. Doch Niemöller macht allen Vermutungen darüber ein Ende, wenn er selber den entscheidenden Grund für den Weg *vom U-Boot zur Kanzel* benennt:

Th. Th. Heine: Zeichnung für den «Simplicissimus» (21. März 1927)

Es war kein eigentlich theologisches Interesse, was dahinter *steckte und den Ausschlag gegeben hätte: für die Theologie als Wissenschaft, die Probleme lösen will, hatte ich von Hause aus keine Ader. Aber daß das Hören auf die Christusbotschaft und der Glaube an Christus als den Herrn und Heiland neue, freie und starke Menschen macht, dafür hatte ich in meinem Leben Beispiele gesehen, und das hatte ich aus meinem Elternhaus als Erbe mitgenommen und im Auf und Ab, im Hin und Her meines Lebens festgehalten. Damit konnte ich, das war meine Überzeugung, meinem Volk aus ehrlichem und geradem Herzen dienen; und damit konnte ich ihm vielleicht mehr und besser helfen in seiner trostlosen völkischen Lage, als wenn ich still und zurückgezogen nur einen Hof bewirtschaftet hätte.*[43]

Niemöller wollte seinem Volk dienen, ihm aus seiner trost- und ziellosen Lage helfen. Und er glaubte, das in der Kirche, deren Führer und Hirten in ihrer großen Mehrheit kaisertreue Antidemokraten waren, am besten tun zu können. Völkische Erziehung vermittelt durch die Kirche als eine der letzten Bastionen deutsch-nationaler Überzeugung, reaktionäre Wertevermittlung jenseits der Parteien, darin sah er die Chance, die ungeliebte Republik zu überwinden. Niemöller plante, sich vom Stuhle eines Geistlichen aus an einer Gegenrevolution zu beteiligen.

Ihm geschähe jedoch unrecht, unterstellte man dem U-Boot-Kommandanten bloß taktisches Manövrieren mit dem Beruf des Pfarrers für das Gelingen einer Gegenrevolution. Gottes geistliches Regiment verfolgte damals vor allem das Ziel, die alte Ordnung wiederherzustellen, Gottes weltlichem Regiment, dem Kaiser von Gottes Gnaden, wieder in den Sattel zu helfen. Nur wenige Theologen konnten sich eine Kirche im säkularen Staat, eine Kirche in der Demokratie vorstellen. Und die wenigsten hatten darüber hinaus ein Bewußtsein für die judenfeindliche und antikommunistische Kehrseite christlich-völkischen Aberglaubens. Niemöller glaubte in der Tat, als Pastor seinem Volk *aus ehrlichem und geradem Herzen* am besten dienen zu können.

Anstatt für die Auswanderung weiter Spanisch zu lernen, eignete sich Martin Niemöller jetzt die hebräische Sprache an. Im Januar 1920 – mit 28 Jahren – begann der Kapitänleutnant a.D. im westfälischen Münster mit dem Theologiestudium. Gemeinsam mit seiner Frau zog er in eine Mansardenwohnung im Hause eines westfälischen Konsistorialrats. Else Bremer und Martin Niemöller hatten sich am Ostersonntag 1919 von Niemöllers Vater in Elberfeld trauen lassen. Die Berliner Studentin hatte ihr Studium abgebrochen und sich für die Ehe entschieden.[44]

Die junge, erst 1914 gegründete Evangelisch-Theologische Fakultät in Münster lag im Vergleich zu anderen Evangelisch-Theologischen Fakultäten noch im Winterschlaf der alten Zeit. Die nach dem Ersten Weltkrieg aufkommende «dialektische Theologie», deren Anliegen die Überwindung des Kulturprotestantismus des 19. Jahrhunderts mit seiner weitreichenden Identifizierung von Kultur und Reich Gottes war, geriet dort erst mit der

Martin und Else Niemöller (zweiter und dritte von links) im Kreise
bäuerlicher Verwandter

Berufung Karl Barths, eines ihrer Väter, im Jahre 1925 in die wis-
senschaftliche Diskussion. Als impulsgebend zeigte sich in Münster eher die Katholisch-Theologische Fakultät, so daß Karl Barth
die Atmosphäre an der eigenen Fakultät ein wenig zu «friedlich-
freundlich» erschien und die westfälischen Studenten ihm im
ganzen als «eine zähe Gesellschaft» vorkamen.[45]

Die konservative Biederkeit kam Niemöller durchaus entgegen:
*Es war ja nicht meine Absicht, als «Fachmann» das Rad der theo-
logischen Wissenschaft ein Stückchen weiterdrehen zu helfen, sondern eine ordentliche und ausreichende Grundlage für den Beruf des
Pfarrers und für das Amt der Verkündigung zu bekommen. Und
das hat mir Münster gegeben, nicht nur durch die akademischen Leh-
rer, die mir dort begegneten, sondern ebenso sehr durch die Prediger, die auf den evangelischen Kanzeln Münsters standen.*[46] Im nachhinein, 1940, bezeichnete Niemöller die theologische Fakultät in
Münster aber auch *als eine klappernde, leer laufende Mühle. [...]
Jedenfalls gab es dort von dem, worauf es eigentlich für den Theologen und Pfarrer ankommt, beschämend wenig zu hören und zu
lernen.*[47]

So ging zum Beispiel Barths bahnbrechender Römerbrief-Kommentar, damals ein vieldiskutiertes Buch mit Schockwirkung auf die herkömmliche, historisch orientierte Theologie, unerkannt an ihm vorüber: *Ich hatte keine Ahnung, wer Karl Barth war! Ich wußte, der Römerbrief war da und heftig umstritten dazu, aber ich hatte keine Zeit, mich um ihn zu kümmern.*[48]

Nach 1933, im Kirchenkampf, nachdem der frühere U-Boot-Kommandant seinen Kurs deutlich korrigiert hatte, wurden Barth und Niemöller Weggefährten, nicht ohne selber ein wenig verwundert darüber zu sein. Diese Verwunderung spiegelt sich in einem der kürzesten wie schönsten theologischen Gespräche wider, die in der Theologiegeschichte überliefert sind. Karl Barth sagte: «Martin, ich wundere mich, daß du trotz der wenigen systematischen Theologie, die du getrieben hast, doch fast immer das Richtige triffst!» Und der schlagfertige, nicht minder wortgewaltige Niemöller antwortete: *Karl, ich wundere mich, daß du trotz der vielen systematischen Theologie, die du getrieben hast, doch fast immer das Richtige triffst!*[49]

Der Verlauf von Niemöllers erstem Semester zeigt, warum er keine Zeit fand, sich um theologische Diskussionen, wie etwa die Auseinandersetzungen über Barths Römerbrief-Kommentar, zu kümmern. Am 13. März 1920 fand es ein abruptes, aber ihm keinesfalls unliebsames Ende: Die Marinebrigade Ehrhardt und andere militärische Formationen hatten das Berliner Regierungsviertel besetzt und ernannten den Alldeutschen Wolfgang Kapp zum Reichskanzler. Niemöller erreichte die Nachricht vom Sturz der Demokratie während eines kirchengeschichtlichen Kollegs, das er sofort verließ, um sich stehenden Fußes zur Akademischen Wehr zu begeben, in der Hoffnung, im Fall von aufkommenden Unruhen Schützenhilfe leisten zu können. Aber der Putsch war ein Fehlschlag. Die Gewerkschaften und auch Teile der Ministerialbürokratie traten in einen Generalstreik.

Im Ruhrgebiet wuchs sich dieser Streik allerdings zu einem Aufstand der sogenannten «Roten Armee» aus, so daß die Akademische Wehr der Universität Münster doch noch zu ihrem Einsatz kam. Martin Niemöller rückte als Kommandeur des III. Bataillons der Ersten Westfälischen Reichswehrbrigade 7 gegen die

Niemöller als Bataillonskommandeur der Akademischen Wehr Münster
während des Kapp-Putsches, 1920 (vierter von rechts)

Arbeiter aus. Dreißig Tage dauerte der zum Teil blutige Kampf, in
dem sich Niemöller, vom Norden her ins Ruhrgebiet einziehend,
als *Befreier aus der Hölle des Bolschewismus*[50] feiern ließ. Dreißig
Jahre später, in der zweiten Republik, sollte Niemöller ganz anders als hier vor einem Kampf Deutscher gegen Deutsche aufs
schärfste warnen. Aber vorläufig zählte für ihn nur das eine: Die
Mitarbeit bei der Wiederherstellung der alten Ordnung.

   Ähnlich wie bei seiner Verlobung ordnete Niemöller auch jetzt
die familiären Dinge dem vaterländischen Dienst unter. Telefo-
nisch erreichte ihn während der Kämpfe die Nachricht von der
Geburt seines ersten Kindes, einem Töchterchen; *es ist blond und
blauäugig*[51], schrieb er in sein Tagebuch.

Dem Aktionisten fiel die Rückkehr ins theologische Seminar
schwer. Niemöller war ein Mann der Tat, nicht der Theorie, mehr

39

ein Praktiker als jemand, der sich in weltabgewandter Weise spekulativen Erörterungen hingab. So engagierte er sich gemeinsam mit anderen ehemaligen Offizieren in einer deutsch-nationalen Studentengruppe. Zusammen mit einigen Kommilitonen störte er demokratisch ausgerichtete Hochschulversammlungen oder organisierte Vorträge nationalgesinnter Professoren und Politiker der äußersten Rechten. Bisweilen hielt er auch selber Vorträge zur politischen Lage Deutschlands.[52]

Im Fakultätsrat, dem Rat der Theologieprofessoren, begrüßte man das antidemokratische Engagement des Theologiestudenten. Mehrfach wurde Niemöller für Stipendien vorgeschlagen, die durch die horrende Inflation freilich mehr den Charakter von warmem Wasser hatten als von Fleischbrocken für die Suppe, mit der er sich und seine Familie ernähren mußte.[53] Für die nationalistische Rechte jedenfalls lohnte sich die Investition in den preußischen Stürmer. Und man kann sich des Eindrucks nicht ganz erwehren, daß Niemöllers Examensnote «sehr gut» vom westfälischen Konsistorium auch für das völkisch-nationalistische Engagement, die vaterländische Tapferkeit und antidemokratische Gesinnung des Kandidaten verliehen wurde.

Für Martin Niemöller war es schwierig, sich und seine Familie während der Nachkriegsjahre zu versorgen. Hunger mußten die Niemöllers aber nicht leiden. Einmal mehr kam ihm auch hier seine antidemokratische Haltung zugute. Aus Angst *gegenüber der unkontrollierbaren Agitation unter der Industriebevölkerung*[54] wurde eine «Technische Nothilfe» aufgebaut. Durch sie setzte man vor allem in öffentlichen Betrieben Streikbrecher ein; Aushilfskräfte also, die sich aller Wahrscheinlichkeit nach nicht an einem Generalstreik beteiligen, sondern im Gegenteil beruhigend auf die arbeitende Klasse einwirken würden. Niemöller begann Ende Juli 1922 als Rottenarbeiter (Bahnunterhaltungsarbeiter) bei der Reichsbahn seinen vaterländischen Dienst und verrichtete bis zum Ende seines Vikariats verschiedene Arbeiten in Tag- oder auch in Nachtschichten. Eine Offiziersrente sowie Hamsterbesuche bei den ihm bekannten Tecklenburger Bauern bewahrten ihn und seine Familie darüber hinaus vor wirklicher Not.

Das Studentenehepaar Else und Martin Niemöller
mit ihrer Tochter Brigitte, um 1921

Der westfälischen Kirchenleitung gefiel dieser außergewöhnliche Theologiestudent. Er wurde als Vikar einem Konsistorialrat zur Seite gestellt, woraus ersichtlich wird, daß man Niemöller auf eine leitende Aufgabe vorbereiten wollte. Und so kam es auch. Zum 1. Dezember 1923 bestellte ihn der westfälische Generalsuperintendent Wilhelm Zöllner als ersten hauptamtlichen Geschäftsführer der Inneren Mission für die westfälische Kirchenprovinz. Die zweite Hälfte des Vikariats wurde ihm kurzerhand erlassen.

Die Innere Mission, der Vorläufer des Diakonischen Werks, sah sich mit der steigenden Arbeitslosigkeit, der Wohnungsnot und der Verarmung breiter Bevölkerungsschichten der zwanziger Jahre vor neue Aufgaben gestellt. Außerdem hatte die kirchlich-diakonische Arbeit, der im Kaiserreich nahezu alle karitativen Hilfsmaßnahmen oblagen, durch den neuen Staat Konkurrenz bekommen: die säkulare Wohlfahrtspflege war zum Verfassungsziel erklärt worden.

Niemöller sah den Schwerpunkt seiner Tätigkeit darin, *die freie evangelische Liebestätigkeit in den einzelnen Städten und Kreisen zu kirchlichen Jugend- und Wohlfahrtsämtern zusammenzufassen und so zu gestalten, daß sie nicht von der öffentlichen Wohlfahrtspflege des Staates und der kommunalen Selbstverwaltung ausgesaugt und damit um ihre lebendige Kraft gebracht würde. Zu diesem Zweck war ich wochenlang unterwegs und sprach auf Synoden und Pfarrkonferenzen; zugleich hatte ich die Verhandlungen mit den staatlichen Stellen und mit der Provinzialverwaltung zu führen.*[55] Diese Sätze bedeuteten nichts anderes, als daß Niemöller mit seiner diakonischen Arbeit die Kirche völkisch aufzurüsten und demokratischem Einfluß zu entziehen versuchte. Er arbeitete dafür, auf kommunaler und regionaler Ebene den zunehmenden und für schädlich empfundenen Einfluß des Staates – etwa auf die Erziehung der Kinder und Jugend – zurückzudrängen.

Die Kirche hatte in ihrer Mehrheit den Vätern der Weimarer Demokratie nicht verziehen, die Trennung von Staat und Kirche in der Verfassung festgeschrieben zu haben. Sie war nicht bereit, die sittliche Erziehung des Volkes, die sie seit Jahrhunderten verantwortet hatte, widerstandslos einer Behörde zu überlassen, hinter deren erklärter weltanschaulicher Neutralität sie in Wahrheit die von ihr verhaßte sozialdemokratische Gesinnung argwöhnte. Sie wollte dem Staat das Zepter der Wertevermittlung wieder aus der Hand reißen. *Das künftige Schicksal des Volkes lag bei der Familie, bei Schule und Kirche als den Quellorten schöpferischer Lebenskräfte eines Volkes*[56], formulierte Niemöller. Der in der Monarchie verhaftete Protestantismus der Weimarer Republik nahm nicht wahr, daß der demokratische Staat ein Partner im Kampf gegen Armut und Elend war. Mißtrauen und Ablehnung gegenüber der ersten Demokratie kennzeichneten Niemöllers Haltung, und Abgrenzung war die Aufgabe.

Aber hinter dieser unmittelbar dringenden und drängenden Aufgabe stand die andere, daß die gesamte «Innere Mission» der Provinz mit ihren mehreren hundert Anstalten und Einrichtungen zusammengefaßt und zu einer einheitlich kirchlichen Haltung und zu einem gemeinsamen Wollen und Handeln gebracht werden mußte.[57] Die Sammlung der verschiedenen Vereine und ihre Gleichschaltung hinsichtlich ihres christlich-völkischen Selbstverständnisses, das erkannte der frischgebackene Pastor sehr früh, bildeten die unerläßliche Voraussetzung für einen wirksam geführten Kulturkampf. Und so verwundert auch nicht seine Beteiligung an der Gründung einer eigenen kirchlichen Kreditgenossenschaft, der «Evangelischen Darlehnsgenossenschaft», zur unabhängigen Finanzierung eigener Projekte. Stärker als durch den Aufbau dieser ersten kirchlichen Bank ließ sich das Mißtrauen gegenüber der Reichsbank und den Landesbanken nicht ausdrücken. Es ist wohl nicht übertrieben zu sagen, daß Niemöller versuchte, die Innere Mission der Kirchenprovinz Westfalen zur antidemokratischen Waffe zu schmieden; freilich verlor er darüber nicht die Hilfsbedürftigen aus dem Auge, denen ihre Arbeit ja zuerst galt.

Sieben Jahre blieb der Pastor bei der Inneren Mission. Ein Zeitungsbericht aus dem Jahre 1931, als er die Arbeit in Münster beendete, würdigte seine Tätigkeit: «Die Innere Mission der evangelischen Kirche in Westfalen erleidet Ende Juni einen großen Verlust. [...] Ausgerüstet mit einer außerordentlichen Begabung und hingebender Arbeitskraft, mit denen sich gründliche Lebenskenntnis und eindringendes Verständnis für die entscheidenden Fragen in Theologie und Kirche verband, hat Pastor Niemöller [...] eine hoch bedeutsame Arbeit geleistet»[58].

Die Familie gehörte für Martin Niemöller zu den unumstößlichen Ordnungen, die Gott geschaffen hatte. Sie war zuerst Ort christlicher Gemeinschaft; aber damit sogleich auch der Ort, aus der die Volksgemeinschaft ihre Kraft erhielt. Die Familie hatte für Niemöller also neben ihrem privaten auch einen öffentlichen, politischen Charakter. Daß das auch in besonderer Weise für die eigene Familie galt, wird an der Namensnennung seiner Kinder deutlich und daran, wie er sie charakterisierte: *Blond und blauäugig* lauteten die Worte, mit denen er die Geburt von Brigitte (1920) beschrieb. Hans Jochen (geboren 1922), der älteste Sohn, bekam den Namen von Niemöllers gefallenem Freund Emsmann: *Und wir Eltern gaben ihm den Wunsch und das Gebet mit auf den Weg, er möchte ein ebenso gerader und ganzer deutscher Mann werden wie dieser letzte U-Boot-Kommandant des großes Krieges.*[59] Hans Jochen fiel als Soldat im Februar 1945. Heinz Hermann (geboren 1924) wurde von Niemöller am Nachmittag seines Ordinationssonntags, dem 29. Juni 1924, getauft: *Mein Schreibtisch diente als Taufaltar und trug Kruzifix, Lichter und Taufschale; das Fenster dahinter aber war mit der letzten Flagge von S. M. Unterseeboot UC 67 verhängt, unter der ich am 29. November 1918 in Kiel eingelaufen war. Heinz Hermann heißt unser Junge: Hermann nach meinem auf UB 104 gefallenen Freund und Schwager, Heinz nach meinem Vater, dem Elberfelder Pfarrer und Diener des Evangeliums.*[60] Bei Jan Heinrich (geboren 1925) erinnerte der zweite Vorname daran, daß sich die deutschen U-Boot-Offiziere ohne Rücksicht auf Rang und Vornamen mit «Heinrich» anredeten. Auch der Vorname der zweiten Tochter (geboren 1928) stand in antidemokratischer Tradition. Niemöller taufte sie «Hertha» – in Erinnerung an das alte Schulschiff, auf dem er 1910 als Seekadett begonnen hatte.

Die Kindererziehung fiel bei den Niemöllers in den Aufgabenbereich der Frau. Sie hielten an der traditionellen Rollenverteilung fest. Der Vater übernahm aber gelegentlich von seinem Schreibtisch aus die Beaufsichtigung der Kinder, ohne dabei freilich die Arbeit zu unterbrechen: *Dazu rauchte ich eine lange Pfeife und hüllte mich in eine dicke Qualmwolke, während ich zugleich meinen Sohn Hans Jochen zu beaufsichtigen hatte, der in seiner Wiege neben meinem Schreibtisch stand und sich frühzeitig und*

Die Niemöller-Kinder, 1931: Brigitte, Hans Jochen, Heinz Hermann, Jan Heinrich, Hertha und Jutta (v. l. n. r.)

gründlich an ein verräuchertes Studierzimmer gewöhnte. Er hatte es darin nicht besser, als es sein Vater als kleines Kind gehabt hatte. Und auf diese Weise wurde eine Tradition weitergegeben.[61] 1929 wurde die Tochter Jutta geboren. Erst beim jüngsten Kind, Martin Friedrich Eberhard (geboren 1935), wechselte Niemöller die Tradition der Namenspatrone. Das siebte Kind wurde nicht mehr nach Kriegskameraden benannt, sondern es erhielt die Vornamen der drei Dahlemer Pfarrer. Und Dahlem hieß Kirchenkampf.

Als Niemöller am 1. Juli 1931 in Berlin-Dahlem Gemeindepfarrer wurde, blickte er erwartungsvoll auf das, was hinter den Rissen im Gebälk der Republik sichtbar wurde. Niemand vertrat zu dieser Zeit Nationalismus und Nationalstolz so populistisch und mit solcher Überzeugung wie die Vertreter der Partei, die bei den Reichstagswahlen vom September 1930 ihre Mandatszahl von 12 auf 107 Sitze vervielfachten: die Nationalsozialisten. Niemand stellte wie sie die «Novemberverbrecher» an den öffentlichen

45

Die St.-Annen-Kirche in Dahlem

Pranger. Niemand warnte wie sie vor einer angeblichen Gefahr des Kommunismus. Und niemand wetterte wie sie in der Öffentlichkeit gegen das Versailler «Diktat». Solche Reden waren Balsam für die alten Wunden des 1918 mit Bitterkeit und Enttäuschung in die Heimat zurückgekehrten U-Boot-Kommandanten: *Was wir uns vorstellten von einem künftigen Deutschland, das war nicht die Weimarer Republik, sondern das war das, ja, als was sich der Nationalsozialismus gab.*[62]

Kirchenkampf

In Dahlem, zwischen Grunewald, Steglitz und Wilmersdorf im Südwesten Berlins gelegen, bestimmten schon damals Villen und Bürgerhäuser das Stadtbild. Familien des Bildungsbürgertums und der Ministerialbürokratie gehörten zur evangelischen Gemeinde. Universitätsprofessoren wie Regierungsbeamte, Militärs und Unternehmer, aber auch Künstler prägten ihren Charakter. Niemöller, der zunächst die neuerrichtete 2. Pfarrstelle an der Jesus-Christus-Kirche übernahm und 1933 in die 1. Pfarrstelle an der traditionsreichen St.-Annen-Kirche gewählt wurde, war Seelsorger einer renommierten und wohlhabenden Gemeinde geworden. Er lernte in Dahlem Wissenschaftler wie den Geheimrat Professor Ferdinand Sauerbruch, den Mathematiker Professor August Kopff und den Physiker Professor Otto Hahn kennen; Künstler wie den Maler Ludwig Bartning und den Bildhauer Wilhelm Groß; Ministerialbeamte wie den Staatssekretär im Reichsinnenministerium, Herbert von Bismarck, und den Ministerialdirektor aus dem Luftfahrtministerium, Erich Brandenburg; nicht zuletzt auch führende Militärs wie den Generaloberst der Heeresleitung, Kurt Freiherr von Hammerstein-Equord. Auch beim kaiserlichen Schatullverwalter, Ulrich Freiherr von Sell und seiner Familie, die zur Dahlemer Kirchengemeinde gehörten, ging der Pfarrer ein und aus.[63] Niemöller nutzte später seine Kontakte zu höchsten staatlichen Stellen für den Kampf der Kirche.

Womit aber beeindruckte der neue Seelsorger in seiner Gemeinde? Er war ein temperamentvoller Prediger. Seine Verkündigung zeugte von tiefem Glauben. Im Zentrum stand für ihn die Frage, *ob das, was ich im Namen Gottes der Gemeinde zu sagen habe, auch wirklich im Namen Gottes und aus seinem Auftrag her-*

aus geschieht [64]. Neben Hausbesuchen, die ihm sehr wichtig waren, lag ihm insbesondere die bündische Jugendarbeit am Herzen. Als Leiter einer der drei Sektionen der Berliner Schülerbibelkreise, einer bündisch-protestantischen Jugendbewegung preußischer Couleur, war er bei der evangelischen Jugend Berlins bald geachtet und genoß ihr Vertrauen. Hier lernte er auch Hermann Ehlers, den Leiter des Steglitzer Schülerbibelkreises kennen, der später einer der juristischen Berater des Pfarrernotbundes wurde.

Die Dahlemer Gemeinde schätzte Niemöller allerdings nicht nur aufgrund seiner Gewissenhaftigkeit als Pfarrer, sondern auch seiner politischen Vorträge wegen. In ihnen sprach er sich für das Ideal völkischer Gemeinschaft aus, sich zeigend in Hingabe, Treue und Gehorsam, und gegen allen Individualismus und alle Ächtung der Autorität, die er der Weimarer Republik unterstellte. Der preußische Offizier hatte, auch nachdem er den Weg von der Kommandobrücke zur Kanzel gegangen war, nichts von seiner Eindringlichkeit verloren. Er war ein gefragter Redner, der Farbe bekannte. 1931, in einer Zeit, in der das Radio sich seinen Weg zum Massenmedium bahnte, wurde ihm die Ehre zuteil, einen Vortrag im Berliner Rundfunk zu halten. Niemöllers Thema stellt sich als ein einziger Ruf nach einem politischen Führer des deutschen Volkes dar: *Wo ist der Führer? [...] Wann wird er kommen? Unser Sehnen und Wollen, unser Rufen und Mühen bringt ihn nicht herbei. Wenn er kommt, kommt er als Geschenk, als Gabe Gottes.* [65]

Natürlich hatte Niemöller auch die desolate innenpolitische Situation der Republik vor Augen: die steigende Arbeitslosigkeit, die Regierungsunfähigkeit und Unwilligkeit der Parteien. Natürlich war der Ruf nach einer Autorität in aller Munde. Und natürlich wünschte er sich nicht den Führer, als der Hitler sich alsbald entpuppte. Aber in seinem Herzen klaffte auch noch die Wunde, von der er glaubte, die *Novemberverbrecher* von 1918 hätten sie ihm zugefügt. Die Antwort auf seine Frage nach dem «Führer» sah Niemöller in der NSDAP gegeben, die er seit 1924 wählte, wobei er in Landtagswahlen aber auch der DNVP seine Stimme geben konnte. [66] Daß er nicht Parteimitglied wurde, lag, wie er später bekannte, allein daran, daß er sich als Mann Gottes unabhängig und nicht als Parteimann gebunden seiner Gemeinde gegenüber

Am Schreibtisch in Dahlem

zeigen wollte. Doch auch ohne Mitgliedsnummer galt er in Dahlem schon vor 1933 als «der nationalsozialistische Pfarrer»[67].

Nun könnte man meinen, Martin Niemöller wäre geradezu prädestiniert gewesen, nach dem 30. Januar 1933 eine führende Position unter den in der evangelischen Kirche sich sammelnden Nationalsozialisten zu übernehmen. Hitler selbst hatte der Glaubensbewegung «Deutsche Christen» ihren Namen gegeben, weil ihm der Name «Evangelische Nationalsozialisten», wie sie sich selbst lieber genannt hätten, zu parteinah schien. Der Reichsleiter dieser Bewegung, der 1899 geborene Joachim Hossenfelder, hatte bis 1933 einen ähnlichen Werdegang wie Niemöller: Er war Kriegsfreiwilliger (Verdun) gewesen, in der Weimarer Republik Freikorpskämpfer, wurde 1923 Pfarrer in Schlesien und 1927 in Berlin.

Doch Martin Niemöller sympathisierte zu keiner Zeit mit Hossenfelder und seiner Bewegung. Das hatte seine Ursache darin, daß für ihn das Reich Gottes eine andere Qualität zeigte als jedes irdische und also auch das Dritte Reich. Die «Deutschen Christen» vertraten aber den Irrglauben, «daß Christentum und Nationalsozialismus in ihrem Ursprung auf Gott zurückgehen, also in ihrem Ursprung zusammenlaufen»[68]. In der Praxis bedeutete diese Identifizierung eine in jeder Hinsicht an den Nationalsozialismus angepaßte, von ihm abhängige, unfreie Kirche. Eine Kirche freilich, aus der «Artfremde» und «Fremdrassige» ausgeschlossen blieben, wie es die Richtlinien der Glaubensbewegung vom 6. Juni 1932 festlegten.

Bei aller Hoffnung, die Niemöller in den «nationalen» wie «sozialen» Charakter der neuen politischen Bewegung setzte, zwischen Christentum und Nationalsozialismus lagen für ihn Welten. Für ihn hatte die Kirche Jesu Christi einzig und allein auf das Wort Gottes zu hören: *Dies Wort ist die Gottesgabe, die unserer Kirche anvertraut ist; und mit ihr allein wird sie allezeit zu dienen haben, damit unser Volk nicht arm werde an ewigem Gut, und damit das gewaltige Werk der völkischen Einigung und Erhebung, das unter uns begonnen ist, einen unerschütterlichen Grund und dauernden Bestand gewinne!*[69] Im Unterschied zu den «Deutschen Christen» hielt Niemöller am reformatorischen «sola scriptura»,

Brandenburger Tor, 30. Januar 1933: Die Nationalsozialisten an der Macht

am Schriftprinzip fest. Eine nationale Wiedergeburt ohne ein allein der Heiligen Schrift verpflichtetes Christentum war für ihn eine Totgeburt. Genau an diesem Punkt – und allein an diesem Punkt, an der Frage nämlich, ob der Herr der Kirche Jesus Christus ist oder eine wie auch immer geartete völkische Weltanschauung – sollte sich der Kampf Niemöllers um die Kirche entzünden.

Gegen die «Deutschen Christen» wurde eine von Berlin aus sich formierende evangelische Gruppierung aktiv, die sich «Jungreformatorische Bewegung» nannte. Gemeinsam mit den Theologen Walter Künneth und Hanns Lilje gehörte Niemöller seit dem 19. Mai 1933 dem Vorstand dieser Bewegung an. Im Unterschied zur Glaubensbewegung «Deutsche Christen» formulierten die Jungreformatoren ihr «freudiges Ja zum neuen deutschen Staat» mit der Einschränkung, daß die Kirche «den ihr von Gott gegebe-

51

nen Auftrag in voller Freiheit von aller politischen Beeinflussung erfüllt»[70].

Der Kirchenstreit war also von seinem Wesen her ein innerkirchlicher Streit. An ihrer Loyalität gegenüber dem nationalsozialistischen Staat ließen auch die Jungreformatoren zunächst keinerlei Zweifel. Indem sie jedoch die Freiheit der Kirche gegenüber jedweder politischen Manipulation reklamierten, wuchsen auch zunehmend die Konflikte mit dem nationalsozialistischen Staat, der von seinem totalitären Selbstverständnis her keinen Bereich dulden konnte, der anderen Gesetzen, beispielsweise in der «Rassenfrage», folgen würde.

Allein Karl Barth kritisierte in seiner Schrift «Theologische Existenz heute!» im Juni 1933 den unmöglichen Kompromiß der Jungreformatoren: Auch ein bedingtes «Ja» zum nationalsozialistischen Staat, das hatte Barth anders als Niemöller von vornherein gesehen, bedeutete zugleich ein «Nein» zum christlichen Glauben.

Als die Glaubensbewegung «Deutsche Christen» in Berlin am 3. und 4. April 1933 ihre erste Reichstagung abhielt, hatten die Nationalsozialisten längst die Richtung ihrer Politik skizziert. Das «Heimtückegesetz» vom 21. März bedrohte jeden, der vorsätzlich «schädliche» Behauptungen gegen Volk und Regierung aufstellte oder verbreitete. Das «Ermächtigungsgesetz» vom 24. März übertrug der Regierung die Legislative und entband Hitler von Bestimmungen der Verfassung, die ihm hinderlich waren. Die NSDAP rief am 1. April zum Boykott jüdischer Geschäfte auf und testete damit gewissermaßen im voraus die Reaktion der Bürger auf das erste auch gegen Beamte jüdischer Abstammung gerichtete «Gesetz zur Wiederherstellung des Berufsbeamtentums» vom 7. April 1933.

Durch die Reichstagung wollten sich die «Deutschen Christen» den Protestanten im ganzen Deutschen Reich als Ingenieure für eine Kirche der Zukunft vorstellen. Führende Nationalsozialisten, unter ihnen der Reichsinnenminister Wilhelm Frick und der preußische Ministerpräsident Hermann Göring, unterstützten durch ihr Erscheinen die Glaubensbewegung. Die Forderungen der «Deutschen Christen» lauteten im wesentlichen:

Martin Niemöller mit Konfirmandinnen seiner Gemeinde

– eine Reichskirche, anstatt wie bisher 28 Landeskirchen,
– die Einführung des Führerprinzips in der Kirche, ausgeübt
  durch einen souveränen Reichsbischof;
– «artgemäßes» Christentum, also Ausschluß aller «Fremdrassi-
  gen» aus der evangelischen Kirche.

Insbesondere die ersten beiden Punkte stießen innerhalb der
gesamten evangelischen Kirche auf breite Zustimmung. Man
blickte ein wenig neidisch auf die katholische Kirche, wie sie in
jener Zeit – wenigstens nach außen hin – ihre Geschlossenheit
durch das Reichskonkordat unter Beweis stellte, das Franz von
Papen als Vizekanzler und für den Vatikan dessen Nuntius
Eugenio Pacelli, der spätere Papst Pius XII., am 20. Juli 1933 para-
phierten. Auch Hitler wollte die evangelische Reichskirche: «Der
Staat hat kein Interesse daran, mit 25 oder 30 Kirchen zu verhandeln!» ließ er am 22. Juli verlauten.[71]

Schon drei Wochen nach der Reichstagung der «Deutschen
Christen», am 25. April, trat ein Dreierkollegium an die Öffentlichkeit, um die neue Reichskirchenverfassung im Auftrag des

Deutschen Evangelischen Kirchenausschusses zu entwerfen: für die unierten Kirchen der Präsident des altpreußischen Oberkirchenrates Hermann Kapler; für die lutherischen Kirchen der hannoversche Landesbischof August Marahrens; und für die reformierten Kirchen der Moderator des Reformierten Bundes, der Elberfelder Pfarrer Hermann Hesse.

Als diese drei am 4. Mai ihre Arbeit aufnahmen, saß allerdings noch ein vierter Mann mit am Tisch: Der Köngisberger Wehrkreispfarrer Ludwig Müller, den Hitler noch im April zu seinem «Beauftragten für evangelische Angelegenheiten» ernannt hatte. Innerhalb von drei Wochen wurde eine Verfassung für eine Reichskirche erarbeitet, an deren Spitze ein souveräner Führer, der Reichsbischof, stehen sollte.

Der Konflikt zwischen der «Jungreformatorischen Bewegung» und den «Deutschen Christen» verschärfte sich genau an diesem Punkt. Letztere wollten Ludwig Müller zum Führer der Reichskirche durchsetzen, erstere den Leiter der Betheler Anstalten, Pfarrer Friedrich von Bodelschwingh, eine reichsweit, nicht zuletzt aufgrund seiner diakonischen Arbeit geachtete, konservative Symbolgestalt des Protestantismus. Tatsächlich wurde Bodelschwingh am 27. Mai mit knapper Mehrheit von den Landeskirchenführern zum Reichsbischof gewählt. Sofort berief der neue Bischof den westfälischen Pfarrer Gerhard Stratenwerth und Martin Niemöller, den er aus dessen Zeit bei der Inneren Mission in Münster in sehr guter Erinnerung behalten hatte, zu seinen Assistenten. Doch blieb der Reichsbischof nur vier Wochen im Amt. Eine nicht enden wollende Hetzkampagne der «Deutschen Christen», vor allem Müllers, machten dem auf Vermittlung zielenden Bodelschwingh sein Amt unerträglich. Als der preußische Kultusminister Rust am 24. Juni 1933 einen Juristen, den hessischen Landgerichtsrat August Jäger, mit der kommissarischen Leitung der preußischen Kirche beauftragte, trat Bodelschwingh noch am selben Tag von seinem Amt zurück. Jäger beurlaubte während seiner dreiwöchigen Amtszeit unter anderem die Mitarbeiter des Oberkirchenrates, setzte die Generalsuperintendenten ab und ernannte Ludwig Müller zum Leiter der altpreußischen Kirche sowie des Kirchenbundesamtes.

Gegen diese Maßnahmen protestierte massiv jener Teil der

Amtseinführung des Reichsbischofs Friedrich von Bodelschwingh (Mitte), dahinter Martin Niemöller und Gerhard Stratenwerth

evangelischen Kirche, der nicht mit den «Deutschen Christen» gegangen war. Der evangelische Kirchenkampf erreichte damit einen ersten Höhepunkt. Niemöller gehörte von diesem Zeitpunkt an bis zu seiner Verhaftung zu den wortführenden Protestanten gegen die unter der Bezeichnung «Deutsche Christen» agierenden Nationalsozialisten und ihre Irrlehren.

Am 11. Juli, dem Tag, an dem die im Eiltempo erarbeitete Reichskirchenverfassung unterschriftsreif vorlag, wurden Jäger und seine Mitarbeiter auf Veranlassung Hitlers zurückgezogen, der durch den Kirchenstreit politisch unter Druck geraten war. Hitlers Vorschlag, die evangelischen Christen durch eine Kirchenwahl selbst über ihre Führer entscheiden zu lassen, war nach außen hin zwar ein loyales Angebot, um den Frieden wiederherzustellen, nach innen jedoch mit der begründeten Hoffnung verbunden, die «Deutschen Christen» damit in die Führungsämter der Kirche heben zu können. Am Vorabend der Wahl, die Hitler kurzerhand auf den 23.Juli 1933 festgesetzt hatte, propagierte der Reichskanzler selber noch einmal in einer Radioansprache die

«Deutschen Christen». Tatsächlich erzielten sie auch eine Zwei-drittelmehrheit gegen die «Jungreformatorische Bewegung». Ludwig Müller schien am Ziel. Er wurde mit der Führung der Geschäfte der Deutschen Evangelischen Kirche beauftragt und gleichzeitig zum Landesbischof der Evangelischen Kirche der alt-preußischen Union ernannt.

In Niemöllers Gemeinde unterlagen die «Deutschen Christen» aber bei der Wahl. Im Dahlemer Gemeindekirchenrat ergab sich ein Stimmenverhältnis von sechs zu zwei für die Jungreformatoren.[72] Dieses für Niemöller sicherlich erfreuliche Ergebnis auf Gemeindeebene darf nicht darüber hinwegtäuschen, daß ein halbes Jahr nach Hitlers Machtantritt Nationalsozialisten die Evangelische Kirche in Deutschland kontrollierten.

Unmittelbar nach den Kirchenwahlen thematisierten die «Deutschen Christen» ihre nächste Forderung: Der für Beamte seit April 1933 geltende «Arierparagraph» sollte auch im Raum der Kirche Anwendung finden. Alle Beschäftigten der Kirche, insbesondere alle Pfarrer, die jüdischer Abstammung waren, sollten sofort entlassen werden.

Dagegen sowie gegen die Gleichsetzung von politischer Macht und geistlichem Amt protestierten die Gegner der «Deutschen Christen» auf der altpreußischen Generalsynode am 5. September 1933 in Berlin. Auf dieser sogenannten «Braunen Synode» – die «Deutschen Christen» waren geschlossen in Parteiuniform erschienen – verlas der westfälische Präses Karl Koch eine von Niemöller und seinem westfälischen Amtsbruder Karl Lücking entworfene Protesterklärung. Darin kritisierten sie den «rücksichtslosen Gebrauch der Macht» durch die «Deutschen Christen» und die geplanten «Methoden der Welt im Raum der Kirche», womit die Einführung des «Arierparagraphen» gemeint war. Als es daraufhin zu Tumulten kam, verließen die Protestanten um Niemöller und Lücking die Synode.

Der Exodus hatte aber keineswegs zur Folge, daß die «Jungreformatoren» den «Deutschen Christen» widerstandslos das Feld überließen. In verschiedenen Regionen hatten sich seit dem Frühjahr Konvente gebildet, um die Einwirkung der nationalsozialistischen Theologie auf die Kirche abzuwehren. Am 11. September 1933 trafen sich Vertreter dieser Konvente im Pfarrhaus des Berliner Pfarrers Gerhard Jacobi und gründeten den «Pfarrernotbund». Unter den etwa siebzig Pfarrern war auch Martin Niemöller, der den Vorsitz des Notbundes übernahm, nachdem Bodelschwingh abgelehnt hatte.

In einem Rundbrief vom 21. September, in dem Niemöller seine Amtsbrüder aus dem ganzen Reich zum Beitritt ermutigte, kritisierte er die Willkür- und Machtergreifungsmaßnahmen der deutsch-christlichen Kirchenregierungen scharf. Sie hatten beispielsweise Amtsentlassungen gegen Pfarrer angeordnet und Strafversetzungen angedroht: *Um dieser Not willen haben wir einen «Notbund» von Pfarrern ins Leben gerufen, die sich gegenseitig durch schriftliche Erklärung ihr Wort gegeben haben, sich für ihre Verkündigung nur an die Heilige Schrift und an die Bekenntnisse der Reformation zu binden und sich der Not derjenigen Brüder, die darunter leiden müssen, nach bestem Vermögen anzunehmen.*[73]

Wie groß die Verunsicherung und Not unter den Pfarrern gewesen sein muß, wird daran sichtbar, daß sofort 1500 Pfarrer dem Notbund beitraten; und bis zum Jahresende 1933 waren es mehr als 7000. Martin Niemöller war als Vorsitzender des Pfarrernotbundes zum Sprecher von 40 Prozent der insgesamt 18 000 evangelischen Geistlichen in Deutschland geworden. Der Pfarrernotbund blieb bis 1945 ein Bund, der Pfarrern und ihren Familien juristische Beratung, finanzielle Unterstützung, aber auch seelsorgerischen Beistand leistete, wenn sie dadurch in «Not» geraten waren, daß sie sich antikirchlichen Maßnahmen widersetzten. In den Augen des Staates wurde der Pfarrernotbund zunehmend zu einer staatsfeindlichen Organisation; und das, obwohl man sich am 15. Oktober 1933 in einem auch von Niemöller mitunterzeichneten Telegramm bei Hitler für dessen «mannhafte Tat» – gemeint war der Austritt Deutschlands aus dem Völkerbund – bedankt hatte: «Im Namen von mehr als 2500 evangelischen Pfarrern, die der Glaubensbewegung Deutsche Christen nicht angehören, geloben wir treue Gefolgschaft und fürbittendes Gedenken.»[74] Im Laufe der Jahre mußte Niemöller als Vorsitzender unzählige Hausdurchsuchungen über sich ergehen lassen. Der Bund selbst wurde allerdings nicht verboten. Niemöller blieb in den

Jahren des Kirchenkampfes der einzige Vorsitzende des Pfarrer-notbundes. Auch nach seiner Verhaftung bekannten sich die Not-bundpfarrer zu ihrem Vorsitzenden, indem sie ihn in seinem Amt bestätigten.

Von besonderer Bedeutung für den Pfarrernotbund war die juristische Arbeit. Es galt, Pfarrer zu verteidigen, gegen die von den deutsch-christlichen Kirchenleitungen willkürlich Diszipli-nar- oder Amtsenthebungsverfahren eingeleitet worden waren; nicht gezahlte Gehälter mußten eingeklagt werden; zunehmend mußten Angriffe des Staates auf die Kirche und ihre Amtsträger juristisch abgewehrt werden; und immer wieder gelang es den Ju-risten auch, Pfarrer aus Gefängnissen oder Konzentrationslagern freizubekommen. Dabei setzten sie nicht selten ihre eigene Exi-stenz – und manche auch ihr Leben – aufs Spiel, wenn sie Pfarrer der opponierenden Kirche vertraten. Ohne die unermüdliche Ar-beit von Männern wie dem Berliner Rechtsanwalt Horst Holstein oder dem 1945 zum Tode verurteilten Rechtsberater der Beken-nenden Kirche Friedrich Justus Perels – um nur zwei der bedeu-

Friedrich Justus Perels,
Rechtsberater der
Bekennenden Kirche,
von den Nationalsozialisten
ermordet am 23. April 1945

tendsten Juristen zu nennen – wäre die kirchliche Opposition im Keim erstickt worden.

Einer der Auslöser für die Gründung des Pfarrernotbundes war, wie gesagt, der Protest gegen den geplanten Ausschluß von Christen jüdischer Herkunft aus kirchlichen Ämtern gewesen. In der Beitrittserklärung bezeugten die Mitglieder des Bundes ausdrücklich, «daß eine Verletzung des Bekenntnisstandes mit der Anwendung des Arierparagraphen im Raum der Kirche Christi geschaffen ist»[75]. Mit diesem Passus stellte sich der Pfarrernotbund explizit hinter alle seine Pfarrer, einerlei welcher Abstammung sie waren.

Im Herbst 1933 forderte das von «Deutschen Christen» geführte Konsistorium in Berlin seine Pfarrer auf, ihre arische Abstammung amtlich nachzuweisen. Gemeinsam mit den Berliner Pfarrern Kurt Scharf und Eitel Friedrich von Rabenau riet Martin Niemöller daraufhin den Notbundpfarrern, den von der Kirchenleitung dafür verschickten Fragebogen unbeantwortet zu lassen. Die Folge dieser der Kirchenbehörde zuwiderlaufenden Empfehlung war, daß alle drei Pfarrer unverzüglich vom Dienst suspendiert wurden. Niemöller, dessen Gemeinde mit großer Mehrheit hinter ihm stand, schenkte der Beurlaubung keine Beachtung. Er sprach beim preußischen Landes- und Reichsbischof Ludwig Müller vor und sagte ihm: *Ich könnte es in diesem Augenblick vor meiner Gemeinde nicht verantworten, wenn ich nicht zu ihr sprechen würde.*[76]

Trotz der zunächst klaren Linie in der sogenannten «Judenfrage» gerieten bald sowohl die opponierende Kirche als auch Niemöller selbst ins Schwanken – von der opportunistischen Fraktion der «Deutschen Christen» ganz zu schweigen. In der Theologie der Kirche gärte durch die Jahrhunderte hindurch ein Antijudaismus, der während des Hitlerregimes aktiv wurde und sich mit dem nationalsozialistischen Rassenantisemitismus in schrecklicher Weise verbinden sollte. Luthers späte Schmähschriften gegen die Juden bilden hier die Spitze eines antijudaistischen Eisbergs, der bis in die ersten Jahrhunderte der Kirche zurückreicht.

Anerkannte Theologen, Kapazitäten wie der Neutestamentler Gerhard Kittel, der Dogmatikexperte Emanuel Hirsch und die beiden Erlanger Lutheraner Paul Althaus und Werner Elert, flan-

Karl Barth, 1934

kierten durch Vorträge, Schriften und theologische Gutachten die Meinung, daß Pfarrer jüdischer Abstammung für die Gemeinden untragbar seien. Sie empfahlen, eigene judenchristliche Gemeinden zu bilden.

Wieder einmal war es der Schweizer Karl Barth, der – vergeblich – seinen deutschen Brüdern den Weg wies: «Die Gemeinschaft der zur Kirche Gehörigen wird nicht durch das Blut und also auch nicht durch die Rasse, sondern durch den heiligen Geist und durch die Taufe bestimmt. Wenn die deutsche evangelische Kirche die Judenchristen ausschließen oder als Christen zweiter Klasse behandeln würde, würde sie aufgehört haben, Kirche zu sein.»[77]

Und Dietrich Bonhoeffer, der mit Niemöller in diesem Herbst 1933 mehrfach zusammensaß, um ihn von der Dringlichkeit der Solidarität mit den Diskriminierten zu überzeugen, hatte auch die politische Dimension reflektiert: «Es geht bei dieser Frage nicht nur um eine schriftgemäße Theologie und um den rechten Kirchenbegriff. Es geht auch um die Beurteilung staatlichen Han-

60

delns, wenn der Staat den Weg des Rechtsstaats verläßt. Es geht darum, wie die Kirche sich zum Staat verhält, der so handelt: zustimmend oder sich verweigernd.»[78] Bonhoeffers Appell, die Kirche solle sich dem Staat verweigern, blieb die Stimme des einsamen Rufers in der Wüste. Doch ist es insbesondere seinem Engagement und seiner Weitsicht zu verdanken, daß der Passus gegen die Anwendung des sogenannten «Arierparagraphen» in die Verpflichtungserklärung des Pfarrernotbundes aufgenommen wurde.

Zunehmend erreichten Martin Niemöller in seiner Funktion als Vorsitzender des Pfarrernotbundes wegen dieses Punktes aber kritische Anfragen aus der Pfarrerschaft. Im November 1933 legte er daher seine eigene Position als *Sätze zur Arierfrage in der Kirche* vor, die er in der Zeitschrift der Jungreformatorischen Bewegung, der «Jungen Kirche», veröffentlichte. *Wir haben in der Gemeinde [...] die bekehrten Juden als 'durch den Heiligen Geist vollberechtigte Glieder anzuerkennen*, schrieb er in Anlehnung an das eben zitierte Wort Karl Barths. *Unter diesen Umständen ist ein kirchliches Gesetz, das die Nichtarier oder Nichtvollarier, soweit sie dem jüdischen Volk angehören, von den Ämtern der Kirche ausschließt, bekenntniswidrig.*[79]

Doch im selben Artikel fiel Niemöller in ein Denken zurück, daß eine Verflochtenheit in antisemitische Traditionen zeigt. Er könne den Wunsch vieler Pfarrer verstehen, die gerade jenen Passus aus der Verpflichtung streichen wollten, schrieb er, *da wir als Volk unter dem Einfluß des jüdischen Volkes schwer zu tragen haben.* Ja, Niemöller empfahl seinen Amtsbrüdern jüdischer Abstammung mit der Autorität der Worte des Apostels Paulus (1. Korinther 8), *um der herrschenden Schwachheit willen [...] sich die gebotene Zurückhaltung auf[zu]erlegen, damit kein Ärgernis gegeben wird. Es wird nicht wohl getan sein, wenn heute ein Pfarrer nichtarischer Abstammung ein Amt im Kirchenregiment oder eine besonders hervortretende Stellung in der Volksmission einnimmt.*[80]

Anders als Bonhoeffer hat Niemöller in der sogenannten «Judenfrage» nicht den neuralgischen Punkt gesehen. Im Unterschied zu Dietrich Bonhoeffer schwieg er nicht nur zu den staatlichen Maßnahmen und Diskriminierungen gegen die Juden, sondern er relativierte durch seine *Sätze zur Arierfrage in der Kirche* – bona fide – sogar jenes mutige Wort gegen den «Arierparagraphen» aus der Verpflichtungserklärung, indem er von den Diskriminierten Zurückhaltung verlangte. Solche Einschränkungen erleichterten es den Nationalsozialisten, die innerkirchlichen Fronten zugunsten der «Deutschen Christen» aufzuweichen. Sie konnten darauf verweisen, daß ja selbst der Vorsitzende des Pfarrernotbundes den Einfluß der Juden in Deutschland beklagte.

Niemöller war kein Rassenantisemit. In seinem mit Vorurteilen antikommunistischer, antiliberaler und antidemokratischer Couleur gespickten Buch *Vom U-Boot zur Kanzel* fehlt dafür jeder Hinweis. Aber er widersprach zunächst nicht der nationalsozialistischen Diskriminierung der jüdischen Deutschen, solange sie außerhalb der Kirche geschah. Darin zeigt sich ein typisches Verhalten. Insgesamt war dem Protestantismus vor dem Hintergrund seiner Geschichte die radikale Infragestellung zentraler Herrschaftsprinzipien fremd. Trotz der eskalierenden Verfolgungsmaßnahmen hinterfragte er die traditionelle Unterordnung der Kirche unter die Obrigkeit, wie sie der Apostel Paulus im Römerbrief (Kapitel 13) fordert, auch gegenüber der nationalsozialistischen Tyrannei nur zögernd. Bestenfalls begleitete die Kirche die Verfolgten in karitativer Weise, wie zum Beispiel seit 1938 im «Büro Grüber», einer kirchlichen Hilfsstelle für rassisch Verfolgte. Der schwierige Lernprozeß, sich für Argumente einer grundsätzlichen Herrschaftskritik zu öffnen, gelang der obrigkeitlichen Strukturen verhafteten Kirche jedoch nicht.

Massenkundgebung der Glaubensbewegung «Deutsche Christen»
im Berliner Sportpalast, 13. November 1933

Mit dem Pfarrernotbund auf der einen und den «Deutschen Christen» auf der anderen Seite dauerte der Kirchenstreit im Herbst und Winter 1933 an. Einen Höhepunkt erreichte er mit dem sogenannten «Sportpalastskandal» am 13. November. In einer Rede anläßlich von Martin Luthers 450. Geburtstag im Berliner Sportpalast vor 20000 «Deutschen Christen» zum Thema «Luthers völkische Sendung» forderte ein führendes Mitglied der Glaubensbewegung, ein gewisser Dr. Reinhard Krause, «die Befreiung von allem Undeutschen im Gottesdienst und im Bekenntnismäßigen, Befreiung vom Alten Testament mit seiner jüdischen Lohnmoral, von diesen Viehhändler- und Zuhältergeschichten. […] Hierher gehört auch, daß unsere Kirche keine Menschen judenblütiger Art mehr in ihren Reihen aufnehmen darf. [...] Judenblütige Menschen gehören nicht in die deutsche Volkskirche, weder auf die Kanzel, noch unter die Kanzel.»[81]

Als Krauses Ausführungen in einer Resolution von den anwesenden deutsch-christlichen Kirchenführern angenommen wurden, löste sich nicht nur auf seiten der kirchlichen Opposition eine Lawine der Empörung. Niemöller sprach am folgenden Tag bei Ludwig Müller, dem Reichsbischof, vor und forderte den sofortigen Rücktritt Hossenfelders. Er machte den Führer der «Deutschen Christen» für Krauses Ausführungen verantwortlich. Aber auch in den Reihen der «Deutschen Christen» entstand über die Rede eine tiefgreifende Zerrüttung, der Müller verzweifelt Herr zu werden versuchte. Ganze Gauteile lösten sich von der Glaubensbewegung.

Etwa zur gleichen Zeit wurden in der Parteispitze der NSDAP die Frage des Umgangs mit dem Kirchenstreit und das grundsätzliche Verhältnis der Partei zur Kirche diskutiert. Männer wie Göring und der preußische Kultusminister Bernhard Rust befürworteten eine Synthese von Nationalsozialismus und Christentum in der Form der Glaubensbewegung «Deutsche Christen». Innenminister Frick sympathisierte inzwischen mit Teilen der kirchlichen Opposition. Und antikirchliche Hardliner, wie Reichspropagandaminister Joseph Goebbels, der Führer der SS Heinrich Himmler oder der Reichsleiter des Außenpolitischen Amtes und Autor des Buches «Der Mythus des XX. Jahrhunderts» Alfred Rosenberg, wollten die Kirche über kurz oder lang vollständig abschaffen. Was aber wollte der Führer?

Eine Willenserklärung über Hitlers kirchenpolitische Ziele erhoffte man sich vom Empfang fünfzehn führender kirchlicher Persönlichkeiten am 25. Januar 1934 in der Reichskanzlei. Einer den Reichsbischof einschließenden Fünfergruppe der «Deutschen Christen» standen zehn Kirchenführer gegenüber, unter ihnen die Bischöfe Meiser, Wurm, Marahrens, Präses Koch aus Westfalen sowie Martin Niemöller für den Pfarrernotbund. Sie wollten Hitler dazu bewegen, den Rücktritt Müllers durchzusetzen.

Über den Verlauf dieser Audienz ist viel spekuliert worden.

Fest steht, daß Göring zu Beginn des Gesprächs die Vertreter der kirchlichen Opposition bei Hitler diskreditierte. Er tat das, indem er ein frisiertes Protokoll über ein kurz vor dem Empfang abgehörtes Telefongespräch Niemöllers verlas, in dem dieser gesagt haben sollte, «die Minen» seien bereits «gelegt»; Hitler werde mittags zum Reichspräsidenten zitiert, wo ihm «die letzte Ölung» erteilt werde.[82]

In der Tat hatten Niemöller und seine Mitstreiter versucht, mit einer durch den Reichspräsidenten überreichten Eingabe dahingehend Einfluß auf Hitler zu nehmen, daß er sich vom Reichsbischof und seinen antikirchlichen Willkürmaßnahmen öffentlich distanzierte. Hitler reagierte mit einem Zornesausbruch über diese «so unerhörte Hintertreppenpolitik»[83], mit der man einen Keil zwischen ihn und Hindenburg treiben wolle.

Die Kirchenführer waren perplex und merkten, daß sich das Blatt gewendet hatte. Mit ihrer Forderung gegen den Reichsbischof waren sie nunmehr in die Defensive geraten. Allein Niemöller trat einen Schritt vor und erklärte, man habe sich an den Reichspräsidenten als das erste Glied der evangelischen Kirche gewandt, um eine Katastrophe der Kirche zu verhindern. Nicht staatsfeindliche Gesinnung, sondern das Gegenteil, *die Sorge um Volk und Vaterland, um das Dritte Reich*[84] hätte sie als die Kirchenführer zu diesem Schritt bewegt. Daraufhin erwiderte Hitler gereizt: «Die Sorge um das Dritte Reich überlassen Sie mir, und sorgen Sie für die Kirche!»[85]

Zum Schluß der Audienz gab es dann noch einen Wortwechsel zwischen Hitler und Niemöller, bei dem Niemöller, wie er sich Jahre später, 1946, erinnert hat, dem «Führer» erwiderte: *Sie haben gesagt: Die Sorge für das deutsche Volk überlassen Sie mir. Dazu muß ich erklären, daß weder Sie noch sonst eine Macht in der Welt in der Lage sind, uns als Christen die uns von Gott auferlegte Verantwortung für unser Volk abzunehmen.*[86] Mit diesem Satz hob Niemöller die theologisch fragwürdige Scheidung zwischen Kirche und Welt, Theologie und Politik auf. Er wies – zum Entsetzen der kirchlichen und staatlichen Führer – auf die Mitsprache der Kirche auch in politischen Fragen hin. Von einer Gehorsamsverweigerung dem Staat gegenüber, wie Bonhoeffer sie längst erwogen hatte, war aber auch Niemöller weit entfernt.

Die unmittelbare, allerdings nur kurzfristige Folge war, daß die kirchliche Opposition in sich zusammenzufallen drohte. Einige der Bischöfe distanzierten sich von der Art, wie Niemöller über den Reichskanzler und mit ihm gesprochen hatte. Sie traten fürs erste wieder in Verhandlungen mit dem im Amt belassenen Reichsbischof, was Niemöller als *eine glatte Preisgabe des Evangeliums und auch der Kirche* kritisierte.[87]

Als längerfristige Folge dieser Unterredung wird gern Niemöllers Verhaftung dreieinhalb Jahre später gesehen. Hitler habe hierdurch seiner Wut darüber Luft verschafft, daß im Januar 1934 der Pfaffe das letzte Wort behalten hatte. Diese Vorstellung ist naiv. Wenn Hitler sich Niemöllers hätte entledigen wollen, wäre der sogenannte Röhm-Putsch im Sommer 1934 die bessere Gelegenheit dafür gewesen. Hier ließ Hitler viele seiner Feinde liquidieren. In Niemöller traf Hitler auf einen Charakter, den er trotz allem achtete. Der Führer des Reiches begegnete dem Wortführer der evangelisch-kirchlichen Opposition: dem dux ecclesiae. 1938 machte der ehemalige Gefreite den ehemaligen Offizier zu seinem «persönlichen Gefangenen». Dies besagt doch: Hitler empfand zu Niemöller immerhin soviel «Persönliches», daß er ihn nicht ermorden ließ. Wer glaubt, Hitler hätte dies aufgrund der Bekanntheit Niemöllers, die aber 1934 noch nicht so groß war, und des zu erwartenden kirchlichen Protestes nicht gewagt, der muß sich die Frage gefallenlassen, ob er diesen Tyrannen nicht doch unterschätzt. Denn wer vor den Augen der Welt ununterbrochen als mordender Diktator in Erscheinung trat, der hätte auch mit diesem unbequemen Pastor kurzen Prozeß gemacht, wenn er es gewollt hätte.

Die unverdrossen fortgeführten Rechtsbrüche und Maßnahmen des Reichsbischofs entflammten im Frühjahr 1934 den erneuten Protest der kirchlichen Opposition. Sie schweißten die nicht «deutsch-christlichen» Bischöfe und den Pfarrernotbund zur «Bekennenden Kirche» zusammen. Die kirchliche Opposition begann, sich als einzig legitime evangelische Kirche in Deutschland zu verstehen. «Jesus Christus, wie er uns in der Heiligen Schrift bezeugt wird, ist das eine Wort Gottes, das wir zu hören, dem wir im Leben und im Sterben zu vertrauen und zu gehorchen

Der «Führer» und sein Reichsbischof: Adolf Hitler und Ludwig Müller auf
dem Nürnberger Parteitag der NSDAP 1934. Im Jahr 1945 begingen beide
Selbstmord.

haben.» So lautet die erste von sechs Thesen, die als «Theologische Erklärung» am 31. Mai 1934 auf der Reichsbekenntnissynode
in Wuppertal-Barmen von lutherischen, reformierten und unierten Vertretern der Deutschen Evangelischen Kirchen, die sich
erklärtermaßen als Gegner der «Deutschen Christen» verstanden, verabschiedet wurde. Einer ihrem Wesen nach nicht zuerst
an Gottes Wort, sondern etwa an Volkstum und Rasse sich bin-
denden Kirche verweigerte die Bekennende Kirche den Gehorsam.

So war es folgerichtig, ein eigenes Leitungsgremium zu bilden,
den zweiundzwanzigköpfigen sogenannten Bruderrat, dem auch
Martin Niemöller angehörte. Im Führerstaat gab sich die Beken-

Pfarrer der Bekennenden Kirche auf der Barmer Synode, Mai 1934: Franz Hildebrandt, Martin Niemöller, Fritz Müller-Dahlem, Willy Praetorius, Eberhard Röhricht und Gerhard Jacobi (v. l.)

nende Kirche ein Rätesystem! Es bedarf keiner besonderen Erklärung, um zu verstehen, daß der totalitäre, antidemokratische Staat das als Provokation empfand. Beachtlich ist, daß jener Martin Niemöller, der während der Weimarer Republik ein Gegner jedweder Form von Demokratie war und ein politisches Rätesystem mit Waffengewalt zu verhindern suchte, daß dieser Niemöller allen Versuchen, das Führerprinzip in der Kirche einzuführen, mit der Bildung einer, wenn man so will, basisdemokratischen Organisation widerstand. Diese Beobachtung darf aber nicht darüber hinwegtäuschen, daß Martin Niemöller 1934 in politischer Hinsicht alles andere als ein Demokrat war. Gerade erst war sein Buch *Vom U-Boot zur Kanzel* erschienen, dessen antidemokratische Schlagrichtung unverkennbar ist. Es scheint, als habe er sel-

68

ber den Bruderrat mehr in der kirchlichen Tradition des «consi-
latio fratrum» als in einer politischen Bedeutung gesehen: in der
Tradition eines verläßlichen Beratungskreises.

Die zweite Reichsbekenntnissynode, die Mitte Oktober 1934 in
Niemöllers Gemeinde in Berlin-Dahlem tagte, beschloß konse-
quenterweise, sich ein eigenes «kirchliches Notrecht» zu geben.
Angesichts der andauernden Willkür der Reichskirchenregierung
forderte die Synode «die christlichen Gemeinden, ihre Pfarrer
und Ältesten auf, von der bisherigen Reichskirchenregierung und
ihren Behörden keine Weisungen entgegenzunehmen. [...] Die
Verfassung der Deutschen Evangelischen Kirche ist zerschlagen.
Ihre rechtmäßigen Organe bestehen nicht mehr. [...] Damit tritt
das kirchliche Notrecht ein.»[88] Wenn in einem Staat von einer
Minderheit die Verfassung außer und eine Notverfassung in Kraft
gesetzt wird, nennt man das eine Revolution. Diese kirchliche Revolution wurde in Niemöllers Dahlemer Gemeinde vollzogen.
Und Niemöller war einer ihrer mutigsten Befürworter. Aus dem
Bruderrat heraus wurde ein sechsköpfiger «Rat» gebildet, dem
die Leitung der Bekennenden Kirche oblag. Neben Karl Barth,
Hans Asmussen, dem westfälischen Präses Karl Koch, dem Mün-
chener Oberkirchenrat Thomas Breit und dem Juristen Eberhard
Fiedler gehörte auch Martin Niemöller diesem Rat an.

Mit der Dahlemer Reichsbekenntnissynode hatte sich die Bekennende Kirche nun auch von ihrer kirchlichen Ordnung her,
also formal-rechtlich, von der deutsch-christlichen Reichskirche
getrennt, nachdem sie sich ein halbes Jahr zuvor in Barmen bereits theologisch von ihr geschieden hatte. Man baute eine eigen-
ständige Kirche mit eigenen Leitungsgremien (Reichs-, Landes-,
Kreisbekenntnissynoden; Bruderräten und Räten), mit eigenen
Kollektenplänen, eigener Ausbildung, Prüfung und Ordination
der Vikare auf. Es gab nun zwei Körperschaften, die den Anspruch erhoben, Deutsche Evangelische Kirche zu sein: Die
deutsch-christliche Reichskirche und die Bekennende Kirche, deren kompromißbereiter Flügel im Laufe der Jahre allerdings wieder mit der Reichskirche in Verhandlungen zur Beendigung des
Kirchenstreites trat.

Martin Niemöller war an der theoretischen Ausarbeitung der
Barmer Theologischen Erklärung und des Dahlemer Kirchlichen

Notrechts nicht beteiligt. Um so mehr verkörperte der Dahlemer Pastor aber den Geist dieser Dokumente. Forsch und fröhlich, geradlinig und furchtlos, ermutigend und gleichsam unermüdlich rezitierte und proklamierte er gegen die Häresie der «Deutschen Christen» jenes Bekenntnis, das außer Jesus Christus keine anderen «Ereignisse und Mächte, Gestalten und Wahrheiten als Gottes Offenbarung anerkennen»[89] würde.

Die Jahre 1935 bis 1937 waren für die Bekennende Kirche wie für Niemöller Jahre des Kampfes, um nationalsozialistische Formen (zum Beispiel das Führerprinzip) wie Inhalte (zum Beispiel den «Arierparagraphen») abzuwehren und die kirchliche Opposition gegen den Willen des Staates zu einer selbständig organisierten Kirche, der Bekennenden Kirche, aufzubauen. Seit 1935 versuchte ein eigens eingesetzter Reichskirchenminister mit Namen Hanns Kerrl im Kirchenstreit zu schlichten. Er wollte die Kirche auf eine Position der Mitte führen, die für die «Dahlemiten», für jene konsequente Seite der Bekennenden Kirche also, die hinter dem Dahlemer Notrecht stand und jede Zusammenarbeit mit der Reichskirche ablehnte, unannehmbar blieb. Niemöller nannte den «Minister für die kirchlichen Angelegenheiten» in seinen Vorträgen gern *Minister gegen die kirchlichen Angelegenheiten*[90]. Und er gab 1937 gegenüber der Staatsanwaltschaft zu Protokoll, *daß der Minister Kerrl weder selbst ein Christ ist, noch die Verkündigung der Christusbotschaft will, noch ein Interesse daran hat, die zur Ruine gewordene Kirche auf der ihr von dem Herrn Christus gegebenen Grundlage wieder aufzubauen*[91].

Die Reichsregierung verweigerte der Bekennenden Kirche nicht nur die Anerkennung, rechtmäßige evangelische Kirche zu sein, sondern sie bekämpfte auch zunehmend diese ihr unbequeme Kirche: den Bruderräten wurde jede kirchenleitende Tätigkeit verboten; die theologischen Prüfungsämter und Predigerseminare wurden staatspolizeilich aufgelöst; eigene Kollekten durften nicht mehr gesammelt werden; die gottesdienstlichen Bekanntmachungen, ja selbst die Fürbittgebete wurden zensiert; Pfarrer der Bekennenden Kirche mit Redeverboten belegt oder ausgewiesen; immer häufiger wurden auch Pfarrer verhaftet – die meisten nach wenigen Tagen wieder freigelassen, nicht wenige aber auch in Konzentrationslager verbracht.

Der erste Märtyrer der Bekennenden Kirche war ihr 1936 verhafteter Bürochef, Dr. Friedrich Weißler. Der zum Christentum konvertierte Jude, 1933 als Landgerichtsdirektor zwangspensioniert, war im Zusammenhang der Veröffentlichung einer dem «Führer» am 4. Juni 1936 überreichten Denkschrift verhaftet worden, die auch Niemöller namentlich mitverantwortete. Der dahlemitische, konsequente Flügel der Bekennenden Kirche stellte darin Hitler mit der Frage zur Rede, «ob der Versuch, das deutsche Volk zu entchristlichen, durch weiteres Mitwirken verantwortlicher Staatsmänner oder auch nur durch Zusehen und Gewährenlassen zum offiziellen Kurs der Regierung werden soll»[92]. Nach sieben Themenbereichen gegliedert brachten die Leiter der Bekennenden Kirche im Namen der evangelischen Kirche ihre Hauptanliegen vor den «Führer».

Mit diesem Dokument wagte eine konsequente Minderheit der Bekennenden Kirche erstmals eine theologische Kritik nicht nur an den «Deutschen Christen», sondern auch explizit an der nationalsozialistischen Regierung, indem sie die Existenz von Konzentrationslagern und die Willkür der Gestapo scharf kritisierte. Ja, selbst die nationalsozialistische Weltanschauung wurde angeprangert: «Wenn hier Blut, Rasse, Volkstum und Ehre den Rang von Ewigkeitswerten erhalten, so wird der evangelische Christ durch das erste Gebot gezwungen, diese Bewertung abzulehnen. […] Wenn dem Christen im Rahmen der nationalsozialistischen Weltanschauung ein Antisemitismus aufgedrängt wird, der zum Judenhaß verpflichtet, so steht für ihn dagegen das christliche Gebot der Nächstenliebe.»[93] Namentlich wurden Goebbels, Rosenberg, Kerrl, Robert Ley und sogar Hitler selbst kritisiert.

Die Denkschrift ist ein theologisch begründetes Zeugnis für die Sorge um die politische Zukunft Deutschlands. Während Martin Niemöller bisher ausschließlich darum bemüht war, nationalsozialistische Übergriffe auf die Kirche abzuwehren, wagte er mit der Unterzeichnung der Denkschrift erstmals eine theologisch reflektierte Kritik der nationalsozialistischen Weltanschauung. Genau darin sah aber die Mehrheit innerhalb der Bekennenden Kirche eine für die Kirche unzulässige Einmischung in die Politik. So blieb die Denkschrift das Zeugnis einer Minderheit mutiger Christen.

Der Wortlaut der Protestschrift der Deutschen Evangelischen Kirche an Reichskanzler Hitler

Wir veröffentlichen im folgenden die bedeutsame Denkschrift der Vorläufigen Leitung der Deutschen Evangelischen Kirche, die — wie unsere Leser bereits wissen — kürzlich dem Reichskanzler Hitler durch Staatssekretär Meißner zugeleitet worden ist, im vollen Wortlaut, da sie die derzeitige Lage der Evangelischen Kirche in Deutschland und das Verhältnis des evangelischen Christentums zum Nationalsozialismus in klarer und umfassender Form zur Darstellung bringt. Die Sperrungen im Text stammen von uns. Die Redaktion.

„Die Deutsche Evangelische Kirche, vertreten durch die geistlichen Mitglieder ihrer Vorläufigen Leitung und den dieser zur Seite stehenden Rat, entbietet dem Führer und Reichskanzler ehrerbietigen Gruß.

Die Deutsche Evangelische Kirche ist mit dem Führer und seinen Ratgebern eng verbunden durch die Fürbitte, die sie in aller Stille für Volk, Staat und Regierung übt. Darum hat die Vorläufige Leitung der Deutschen Evangelischen Kirche in Verbindung mit dem Rat der Deutschen Evangelischen Kirche es aus sich nehmen dürfen, die Sorgen und Befürchtungen, die viele Christen in Gemeinden, Bruderräten und Kirchenleitungen im Blick auf die Zukunft des evangelischen Glaubens und der evangelischen Kirche in Deutschland bewegen und die sie lange und ernstlich durchdacht hat, in dem vorliegenden Schreiben zum Ausdruck zu bringen.

Sie übergibt dieses Schreiben im Gehorsam gegen ihren göttlichen Auftrag, der jedermann — auch vor den Herren und Gebietern der Völker — ungescheut sein Wort zu sagen und sein Gebot zu bezeugen. Sie vertraut darauf, daß der, der ihr selbst die Weisheit schenkt, ihren Auftrag so klar und eindeutig auszuführen, daß dabei ihre Sorge um das christliche Gewissen und ihre Liebe zum deutschen Volk in gleicher Weise unmißverständlich erkennbar werden.

Wir wissen uns jedenfalls bei unseren Darlegungen, wie unsere Amtsvorgänger in ihrem leider ohne spürbare Wirkung gebliebenen Schreiben vom 11. April 1935 (in Anmerkung beigefügt), von der einen Pflicht getrieben, den leidenden, verwirrten und gefährdeten Gliedern der evangelischen Kirche durch ihr Wort und ihre Fürsprache zu helfen. Es liegt uns alles daran, daß die Reichsregierung aus unseren Ausführungen die aus der Sorge um die der Kirche anvertrauten Seelen sprechende Stimme klar und deutlich vernehme.

Der Herr der Kirche sagt: „Was hülfe es dem Menschen, so er die ganze Welt gewönne und nähme doch Schaden an seiner Seele? Oder was kann der Mensch geben, damit er seine Seele wieder löse?" Dieses Wort zeigt die Größe und den Ernst des Dienstes, zu dem die Kirche von Gott gerufen ist. Es erinnert zugleich an die Grenzen, die allen irdischen Mächten und ihrem Streben gesetzt sind. Es weist endlich auf die Gefahr hin, der immer wieder unzählige Menschen, darunter auch Glieder der Kirche, zu erliegen drohen.

1. Gefahr der Entchristlichung.

Die Vorläufige Leitung weiß es zu würdigen, was es im Jahre 1933 und späterhin bedeutet hat, daß die Träger der nationalsozialistischen Revolution nachdrücklich erklären konnten: „Wir haben mit unserem Sieg über den Bolschewismus zugleich den Feind überwunden, der auch das Christentum und die christlichen Kirchen bekämpfte und zu zerstören drohte".

Wir erleben aber, daß der Kampf gegen die christliche Kirche, wie nie seit 1918, im Deutschen Volke wirksam und lebendig ist.

Keine Macht der Welt, wie sie auch heiße, vermag die Kirche Gottes gegen Seinen Willen zu zerstören oder zu schützen; das ist Gottes Sache. Die Kirche aber hat sich der angefochtenen Gewissen ihrer Glieder anzunehmen.

Durch die Not und Verwirrung des heutigen Glaubenskampfes werden viele getaufte Christen mit zeitlichem und ewigem Unheil bedroht. Wenn sogar hohe Stellen in Staat und Partei den Christenglauben öffentlich angreifen (Anm. u. a. Rede Leys), dann werden der Kirche und ihrer Botschaft an sich schon entfremdete Kirchenglieder dadurch immer mehr in ihren Unglauben verstrickt, Wankende und Unsichere vollends unsicher gemacht und zum Abfall getrieben. Ja, es besteht ernstliche Gefahr, daß die evangelische Jugend sich hindern läßt, zu dem zu kommen, der der alleinige Heiland auch deutscher Knaben und Mädchen ist. Dieser Gefährdung der Glieder der Kirche muß eine verantwortungsvolle Kirchenleitung wehren.

Zu solcher Abwehr gehört die klare Frage an den Führer und Reichskanzler, ob der Versuch, das deutsche Volk zu entchristlichen, durch weiteres Mitwirken verantwortlicher Staatsmänner oder auch nur durch Zusehen und Gewährenlassen zum offiziellen Kurs der Regierung werden soll.

2. „Positives Christentum."

Wir vertrauen, daß die Reichsregierung, um die Zuspitzung des Glaubenskampfes in Deutschland zu vermeiden, das Wort der evangelischen Kirche hören werde. Als die N.S.D.A.P. in ihrem Programm erklärte, daß sie auf dem Boden eines „positiven Christentums" stehe, hat die gesamte kirchliche Bevölkerung das dahin verstehen müssen und verstehen sollen, daß im Dritten Reich der christliche Glaube gemäß den Bekenntnissen und der Predigt der Kirche Freiheit und Schutz, ja Hilfe und Förderung erfahren sollte.

Später aber ist es dahin gekommen, daß maßgebende Persönlichkeiten des Staates und der Partei das Wort „positives Christentum" willkürlich ausgelegt haben.

Bald gab der Herr Reichsminister für Propaganda und Volksaufklärung als positives Christentum aus, was lediglich humanitäre Leistung ist, und verband mit dieser Auslegung einen Angriff auf die angeblich mangelhaften Leistungen auf dem Gebiet der christlichen Liebestätigkeit, da ihnen doch der Staat seit 1933 harte Verbote wesentlich eingeengt hatte (Anm. Reden von Goebbels zum Winterhilfswerk u. a.: „Wären die Kirchen von wahrem christlichen Geist beseelt, dann hätten sie es niemals dem Staat überlassen, in diesem Winter den Armen über Hunger und Frost hinwegzuhelfen .. Ich glaube, Christus selbst würde in unserem Tun mehr von seiner Lehre entdecken als in diesen theologischen Haarspaltereien ... Das Volk würde vielleicht eher verstehen, wenn die Kirche sich mit dem wahren Christentum beschäftigte ..."); bald verkündete der Herr Reichsschulungsleiter Rosenberg seine Mystik des Blutes als positives Christentum, und Parteistellen diffamierten nach seinem Vorbild das bekenntnismäßig- und offenbarungsgläubige Christentum als negativ (Anm. Rosenberg: „Wir erkennen heute, daß die zentralen Höchstwerte der römischen und der protestantischen Kirche als negatives Christentum unserer Seele nicht entsprechen, daß sie den organischen Kräften der nordisch-rassisch gestimmten Völker im Wege stehen, ihnen Platz zu machen haben, sich neu im Sinne eines germanischen Christentums umwerten lassen müssen". Schreiben der

---

Erste Seite der Denkschrift an Hitler aus dem Jahr 1936

Als das Dokument gegen den Willen seiner Verfasser an die Auslandspresse weitergeleitet und dort veröffentlicht worden war, wurde Friedrich Weißler unter dem Verdacht konspirativer Auslandsbeziehungen verhaftet, in das Konzentrationslager Sachsenhausen überführt und dort so mißhandelt, daß er an den Folgen starb. Weißler hatte die Denkschrift an zwei Vikare Bonhoeffers entliehen, die damit eigenmächtig an die Presse herangetreten waren. Es bleibt bedrückend, daß sich die Bekennende Kirche sofort von ihrem Büroleiter distanzierte, ihn entließ und ihn, der seiner jüdischen Abstammung wegen besonders gefährdet war, damit der Verfolgung preisgab. Sie tat dies aus Selbstschutz, um jeden Verdacht subversiver Absichten von sich weisen zu können.[94]

Die ambivalente Haltung Martin Niemöllers spiegelt typische Züge des Kirchenkampfes wider. An Niemöllers theologischer Entwicklung verbunden mit seiner politischen Überzeugung während der Zeit als Pfarrer in Berlin-Dahlem wird deutlich, wie der Begriff «Kirchenkampf» seinen Mythos vom hehren Kampf selbstloser, den Nationalsozialismus bekämpfender Heroen verliert. Als politischer Macht vertraute Niemöller dem nationalsozialistischen Staat mehr, als er dem demokratischen Staat von Weimar gegenüber je an Vertrauen aufgebracht hatte. *Es hätte ja nach menschlichem Ermessen auch ganz anders mit uns kommen können, wenn Gottes Hand nicht schirmend über uns gewaltet hätte*[95] – predigte er in Erinnerung an den zweiten Jahrestag der Machtübernahme Hitlers trotz seiner Enttäuschung über die nationalsozialistische Kirchenpolitik.

Niemöller überwand letztlich bis zu seiner Verhaftung – wie die Bekennenden Kirche bis 1945 – nicht die damals übliche theologische Auffassung, daß selbst der Unrechtsstaat dem Christen Gehorsam abverlange. In der gerade zitierten Predigt heißt es über den Staat weiter: *So ist es in der Sache selbst begründet, wenn Christenglaube und Staatstreue vom alten heidnischen Römerreich an zusammengehört haben bis auf diesen Tag; denn wo das Evangelium gilt, da gilt auch Gottes Ordnung. Darum ist ein staatsfeindlicher evangelischer Christ und ebenso eine staatsfeindliche evangelische Kirche ein Widerspruch in sich.*[96] Das biblische Gebot «Man muß Gott mehr gehorchen als den Menschen!» (Apostel-

Dietrich
Bonhoeffer

geschichte 5, 29) beschränkte Niemöller noch auf die Abwehr von Übergriffen des Staates in die inneren Angelegenheiten der Kirche. In allen nicht die Kirche betreffenden Dingen gebühre auch dem Unrechtsstaat Gehorsam: *Rührt die drückende Sorge, die auf uns lastet, nicht eben daher, daß wir von unserm guten Recht überzeugt sind und uns zu Unrecht unter die Übeltäter gerechnet sehen? Aber dadurch wird Gottes Ordnung nicht aufgehoben, und darum bleiben wir doch – gewissensmäßig – an sie gebunden, daß wir ihr geben, was wir schuldig sind: Steuer und Zoll, Gehorsam und Ehrfurcht und – wenn es sein soll: Leib und Leben!*[97]

Bonhoeffer, der die andere Möglichkeit, nämlich die, «nicht nur die Opfer unter dem Rad zu verbinden, sondern dem Rad selbst in die Speichen zu fallen»[98], theologisch reflektiert hatte und zu dem Ergebnis gekommen war, den Deutschen fehle insbe-

74

sondere die Erkenntnis von der Notwendigkeit der freien, verantwortlichen Tat auch gegen Beruf und Auftrag, diesen Bonhoeffer, der den Tyrannenmord für christlich geboten hielt, ließ die Bekennende Kirche allein. In ähnlicher Weise distanzierte sie sich von Karl Barth.

Niemöller sah in den ersten Jahren des Kirchenkampfes den nationalsozialistischen Staat als einen Staat an, dessen kirchenpolitischen Übergriffen und kirchenfeindlichen Ausschreitungen noch mit rechtlichen Mitteln beizukommen war. Hatte er mit seinem Protest dagegen auch nicht immer Erfolg, so behielt er doch die Hoffnung, durch Appelle beim Reichspräsidenten, durch Beziehungen zu verschiedenen Reichsministern oder durch die sorgfältige Arbeit der Juristen, die die Bekennende Kirche, den Pfarrernotbund und ihre Pfarrer verteidigten, der Kirche zu ihrem Recht zu verhelfen. Niemöllers Sympathie mit der antidemokratischen, antikommunistischen, antiliberalen und nationalistischen Seite der nationalsozialistischen Bewegung, seine theologische Sicht von der Heiligkeit der Obrigkeit und seine Ansicht, es im großen und ganzen doch mit einem – wenn auch in vielerlei Hinsicht versagenden – Rechtsstaat zu tun zu haben, hinderten ihn daran, den eigentlichen Charakter der nationalsozialistischen Tyrannei zu erkennen. Martin Niemöller begriff die Unvereinbarkeit von Christentum und Nationalsozialismus nur punktuell, nicht aber prinzipiell. Darin war er den meisten Gliedern der Bekennenden Kirche gleich.

Kirchenkampf, das war für Niemöller kein politischer Kampf gegen den nationalsozialistischen Staat; wenngleich ihn auch die Nationalsozialisten als politischen bewerteten und zunehmend als solchen führten. Kirchenkampf war der Versuch, dem Wesen der Kirche zuwiderlaufende Übergriffe des Staates, der Partei oder der «Deutschen Christen» auf die Kirche abzuwehren. Niemöller und seine Mitstreiter wollten verhindern, daß das Evangelium Jesu Christi in ein deutsches Evangelium umgeschmiedet wurde. Die Bekennende Kirche wurde nicht durch lauten, politischen Protest, sondern allein durch den Gehorsam gegen Schrift und Bekenntnis verfolgte Kirche. In diesem zweifellos mutigen Kampf um den Erhalt der eigenen Existenz liegt zugleich die Tragik einer Kirche, deren fürsorglicher Blick, sieht man ihre Lehre, auch damals nicht zuerst dem Selbstwohl, sondern dem Wohl des Nächsten gelten sollte. Ein Niemöller zugeschriebenes Wort besagt nichts anderes, als daß die Kirche dort versagt hat, wo sie nicht versagen durfte, nämlich im Kern ihres Selbstverständnisses, im Dasein für andere, in der Nächstenliebe: *Als die Nazis die Kommunisten holten, habe ich geschwiegen; ich war ja kein Kommunist. Als sie die Sozialdemokraten einsperrten, habe ich geschwiegen; ich war ja kein Sozialdemokrat. Als sie die Gewerkschafter holten, habe ich geschwiegen; ich war ja kein Gewerkschafter. Als sie mich holten, gab es keinen mehr, der protestieren konnte.*[99]

Allerdings kann nur derjenige im Ton der Häme vom Kirchenkampf reden, der nicht zu würdigen versteht, welche Kraftanstrengung es bedeutet hat, sich von der theologischen Tradition und vom alles überragenden völkischen Denken der Zeit zu lösen, um sich der offenbarten Überlieferung, der Bibel also, und der Theologie der reformatorischen Kirchenväter zuzuwenden und sie nicht nur zu zitieren, sondern auch deren Wahrheit gegen den Zeitgeist ins Feld zu führen. Wer aber um diese enorme Schwierigkeit weiß, wird nicht anders können, als einzugestehen, daß Barth und Bonhoeffer im Unterschied zu Niemöller nicht nur Kirchenkämpfer, sondern darüber hinaus geistesgegenwärtige Propheten gewesen sind. Er wird aber ebenso klar sehen, daß die Mehrzahl der Pfarrer und Theologen noch weiter hinter der Entwicklung Martin Niemöllers zurückgeblieben ist. Als Gemeindepfarrer, als Mitglied der Kirchenleitung und als Vorsitzender des Pfarrernotbundes versuchte er den kirchlichen Kampfverband gegen deutsch-christliche und nationalsozialistische Angriffe auf Kurs zu halten; dabei mißbilligte er Bestrebungen von Teilen der Bekennenden Kirche, mit der Reichskirche oder dem Kirchenministerium zu verhandeln. Hier wurde Martin Niemöller zur zentralen Gestalt des Kirchenkampfes und zur Symbolfigur der Bekennenden Kirche.

Trotz aller Kritik an der Bekennenden Kirche, vor allem daran, nur zögerlich gegen die Judenverfolgung protestiert zu haben: Die Bekennende Kirche blieb während des Dritten Reiches eine gesellschaftliche Kraft, die sich nicht von der Partei oder dem nationalsozialistischen Staat oder den deutsch-christlichen Gesinnungsgenossen aufsaugen ließ. Trotz aller Flügelkämpfe innerhalb der Bekennenden Kirche, etwa in der Frage der Verhandlun-

Evangelische Bekenntnisgemeinde

Name: _Niemöller_

Vorname: _Martin_

Geburtstag und Ort: _14 i 92 Lippstadt_

Stand oder Beruf: _Pfarrer_

Wohnort: _Dahlem_

Cäcilienallee, / Pl. Nr.: _61_

Kirchengemeinde und Pfarrbezirk: _Dahlem-Mitte_

ist durch Beschluß des Bruderrates vom: _17. 7._ 1934

in die Bekenntnisgemeinde aufgenommen und unter Nr.: _59_
in die Liste der Bekenntnisgemeinde eingetragen worden.

Bei einem Wohnungswechsel wird die Abmeldung bei dem Bruderrate der bisherigen und die Anmeldung bei dem Bruderrate der neuen Bekenntnisgemeinde erwartet.

Berlin-Dahlem, den _19. Juli_ 1934

Der Bruderrat.

Niemöller

gen mit der Reichskirche: Erstmals seit der Reformation hatten sich lutherische wie reformierte, pietistische wie liberale Christen unter ein gemeinsames Glaubensbekenntnis, die «Barmer Theologische Erklärung», gestellt. Trotz der Kritik, dieses Glaubensbekenntnis sei lediglich eine innerkirchlich gemeinte Erklärung gewesen, nicht aber eine Verurteilung des Nationalsozialismus: Gerade dieses Bekenntnis war kirchenstiftend und bewahrte die Bekennende Kirche davor, politische Motive – und wären sie noch so edel gewesen – zu ihrem Fundament zu machen. Für das in Barmen formulierte Bekenntnis zu Jesus Christus wurden Christen bedrängt, verfolgt, gefoltert und ermordet.

Von Dahlem nach Dachau

Für den preußischen Offizier Martin Niemöller war es ein schwieriger Weg vom gehorsamen Untertan zum protestierenden und widersprechenden Kritiker der nationalsozialistischen Weltanschauung. Eine Zäsur bildet dabei die von ihm mitunterzeichnete Denkschrift an Hitler von 1936, in der zentrale Prinzipien des Regimes mißbilligt wurden. Vor allem in seinen Predigten prangerte der Dahlemer Pfarrer seitdem immer unmißverständlicher die Übergriffe der Nationalsozialisten auf die Kirche an. In seiner Predigt am 19. Juni 1937 warf Niemöller Hitler sogar Wortbruch vor: *Hat die christliche Kirche in ihren Gliedern und Amtsträgern heute noch das Recht, das der Führer ihr mit seinem Wort bestätigt hat – mit seinem Ehrenwort –, daß wir uns gegen die Angriffe auf die Kirche wehren dürfen, oder haben die Leute recht, die die Abwehr gegen den Unglauben uns – der christlichen Gemeinde – verbieten und unmöglich machen, und die Leute, die sich wehren, dafür ins Gefängnis bringen? [...] Und die dritte Frage ist die: Ob das Wort des Führers noch gilt, ob die Kirche das Recht hat – und dieses Recht ist ihr von Alters her bestätigt – ob sie das Recht hat, Almosen zu sammeln in der Gemeinde, oder ob durch einen Federstrich eines Ministers – oder auch zweier Minister – ihr dieses Recht, nach dem Willen des Herrn Christus Opfer darzubringen, ob ihr das verboten werden kann? [...] Brüder und Schwestern, wenn ich auf diese äußerlichen Dinge hinweise, dann tue ich das deshalb, weil keiner heute weiß, ob und wann er noch einmal Gelegenheit hat, es der christlichen Gemeinde zu sagen, ob das Wort des Führers gilt, oder ob die Worte anderer gelten, die das Gegenteil von dem anordnen, was der Christenheit, der evangelischen Christenheit versprochen ist. Wir kommen daran nicht vorbei! Und so lange noch einer im Gefängnis sitzt, so lange noch einer ausgewiesen ist, so lange noch einer Redeverbot hat, weil er Angriffe zurückgewiesen hat, oder weil er Abfall vom Glauben ganz klar Abfall genannt hat, oder einer ins Gefängnis kommen wird, weil er Gaben sammelt, so lange ist die Frage, ob das Wort des Führers gilt, negativ beantwortet.*[100]

Hitler reagierte am 1.Juli 1937. Am Morgen dieses Tages, es war ein Donnerstag, erschienen zwei Männer der Gestapo im Dahlemer Pfarrhaus, um Niemöller zu einer «kurzen Vernehmung» abzuholen. Das war für den Pfarrer nichts Ungewöhnliches. Fünfmal hatte man ihn bereits verhaftet und jedesmal mehrere Stunden oder einen Tag lang festgehalten. Durch Gestapoverhöre, Predigt- und Reiseverbote sollte er eingeschüchtert werden. Unter seiner Kanzel saßen eigens auf ihn angesetzte Spitzel der Gestapo, protokollierten seine Predigten und erstatteten Anzeige wegen Kanzelmißbrauchs. So schwebten zum Zeitpunkt seiner Verhaftung vierzig Verfahren gegen den Prediger. Doch Martin Niemöller zeigte sich unbeeindruckt sowohl von den staatlichen wie von den kirchlichen Maßnahmen gegen ihn. Mit siebzehn Privatklagen zum Teil gegen deutsch-christliche Pfarrer und Bischöfe wehrte er sich seinerseits.[101]

Auch vor den Ohren seiner *treuesten Kirchenbesucher*[102], wie Niemöller die Staatspolizisten nannte, hatte er unerschrocken Gottes Wort gepredigt: *Wir wollen ohne Murren der Welt geben, was ihr gehört. Aber wenn die Welt fordert, was Gottes ist, dann müssen wir mannhaft Widerstand leisten,* verkündigte er im November 1936 von der Kanzel.[103] Immer wieder hatte er die antikirchlichen Maßnahmen des Staates kritisiert: sei es, daß die theologischen Ausbildungsstätten der Bekennenden Kirche polizeilich geschlossen worden waren; sei es, daß Pfarrer verhaftet wurden, weil sie trotz Redeverbot Gottesdienst gehalten hatten; oder sei es, daß jemand um seines Glaubens willen ins Konzentrationslager überführt worden war. Niemöller hatte diese Maßnahmen in seinen überfüllten Gottesdiensten mutig angeprangert. Er tat das ohne Haß gegen die Verfolger der Kirche; ja, er nahm sie in sein Gebet und klagte es Gott; ein letztes Mal am Sonntag vor seiner Verhaftung. Da sagte er: *Und wer, wie ich vorgestern abend, in einem Abendmahlsgottesdienst nichts anderes neben sich sieht als drei junge Gestapoleute, die von Amts wegen die Gemeinde Jesu*

Christi bei ihrem Beten, Singen und Predigen auszukundschaften
haben, drei junge Männer, die gewiß auch einmal auf den Namen
des Herrn Jesus Christus getauft wurden und die gewiß auch einmal
am Konfirmationsaltar ihrem Heiland die Treue gelobt haben und
die nun von Amts und Dienst wegen dazu bestellt sind, der Ge-
meinde Jesu Christi Fallen zu stellen, den läßt die Schmach der Kir-
che so leicht nicht los.[104]

Im Unterschied zu den früheren Vernehmungen wurde Niemöller an jenem Donnerstag allerdings in das Berliner Untersuchungsgefängnis Moabit gebracht, erhielt die Häftlingsnummer 1325 und die Zelle 448, eine Einzelzelle. Eine von höchster staatlicher Stelle formulierte Pressemitteilung gab am darauffolgenden Tag bekannt, daß gegen den Bekenntnispfarrer Martin Niemöller Haftbefehl erlassen worden sei, weil er «in Gottesdiensten und Vorträgen Hetzreden geführt, führende Persönlichkeiten des Staates und der Bewegung verunglimpft und unwahre Behauptungen über staatliche Maßnahmen verbreitet [hat], um die Bevölkerung zu beunruhigen. Desgleichen hat er zur Auflehnung gegen staatliche Gesetze und Verordnungen aufgefordert.»[105]

Tatsächlich führte die Anklageschrift, auf die die Pressenotiz im vorhinein abgestimmt war, diese Punkte im einzelnen auf. Darüber hinaus wurde Niemöller vorgeworfen, daß er entgegen einer Verordnung des Innenministeriums Kirchenaustritte während seiner Gottesdienste verlesen und die Pfarrer der Bekennenden Kirche aufgerufen habe, ungeachtet des Verbotes dasselbe zu tun. Ermittelt wurde auch wegen landesverräterischer Beziehungen zur Auslandspresse, in der ja 1936 die Denkschrift an Hitler abgedruckt worden war.

Der Bruderrat der altpreußischen Bekennenden Kirche stellte sich hinter seinen Pfarrer und gab eine Solidaritätserklärung ab. Sie wurde am Sonntag nach seiner Verhaftung in zahllosen Gottesdiensten der Bekennenden Kirche verlesen. Darin hieß es: «Wir bezeugen, daß es Pfarrer Niemöller wie allen übrigen um ihres kirchlichen Dienstes willen verhafteten Pfarrern und Gemeindegliedern um die Ehre Gottes in unserem Volke und um den Gehorsam gegen Gottes Wort geht. Wo es darum geht, ist das Gewissen eines Christenmenschen gebunden. Wo es darum geht, muß ein Pfarrer eher leiden als schweigen, wenn er ein rechter Hirte der Gemeinde sein will. [...] Die Verhaftung von Pfarrer Niemöller trifft die ganze evangelische Christenheit in Deutschland. Mit ihm ist die Kirche des Evangeliums in Deutschland vor die Schranken der Gerichte gefordert.»[106] Die Auslandspresse berichtete sofort über die Verhaftung. Und in England wurden Kirchenglocken für den Gottesmann geläutet.

Sieben Monate mußte Niemöller auf die Hauptverhandlung vor dem Sondergericht beim Landgericht Berlin warten, die schließlich für den 7. Februar 1938 anberaumt wurde. Ihn erreichten in dieser Zeit mehr als zehntausend Briefe und Postkarten aus aller Welt. Seine Frau bat er, die Postlawine zu stoppen. In mancherlei Hinsicht fühlte er sich während der Untersuchungshaft an sein U-Boot erinnert: zum Beispiel wenn es darum ging, die Zelle in Ordnung zu bringen, also *großes Reinschiff zu machen*, wie er es nannte; oder wenn er die Tage zählte: *Ich bin jetzt schon so lange hier, wie 1917 meine Fahrt mit U 151 dauerte; nur habe ich diesmal keine 50000 Tonnen versenkt.*[107] In seinen Briefen erkundigte er sich nicht nur nach der Gesundheit seiner Familie, sondern auch nach dem Wohlergehen seiner *schwarzen Freundin*, einem kurz vor der Verhaftung gekauften Opel, den er *Katharina von Bora* getauft hatte.[108] Trotz dieser von Heiterkeit und Ironie getragenen Situationsbeschreibung war es für ihn eine Schmach, Fingerabdrücke abgenommen zu bekommen und Haftfotos aufnehmen lassen zu müssen. Und als besonders schmerzlich empfand er es als Pastor, daß das Gesuch auf Weihnachtsurlaub mit der Begründung abgelehnt wurde, er würde den «Weihnachtsfrieden stören».[109]

Niemöller verbrachte den größten Teil des Tages mit dem Studium der Bibel und des Gesangbuchs – jeden Tag lernte er ein Lied auswendig –, mit Lektüre sowie mit dem Lesen und Beantworten der vielen Post. Zwölf Postkarten durfte er am Tag schreiben. Seine Frau erhielt alle zehn Tage Besuchserlaubnis. Niemöller besuchte auch den Gefängnisgottesdienst, wenngleich der Pfarrer seiner Meinung nach seine Predigten beendete, ohne zum Zentrum der Predigt, zur Christusbotschaft, vorgedrungen zu sein. Als der Gefängnispfarrer ihn fragte: «Mein Bruder, warum bist du im Gefängnis?», antwortete der Bekenntnispfarrer: *Mein*

Bruder, warum bist du nicht im Gefängnis? So berichtet es jeden-falls eine schöne, wenn auch nicht historisch gesicherte Anek-dote.[110]

Zunehmend verwandte Niemöller auch Zeit auf die Prozeßvor-bereitung. Im Gespräch mit seinen Anwälten Horst Holstein, Hans Koch und Willy Hahn sowie aus dem Studium der Akten gewann er einen zuversichtlichen Eindruck für die Hauptverhandlung. Die Verteidigung stützte sich im wesentlichen auf vierzehn Tat- und achtzehn Leumundszeugen sowie zwei juristische Gutachten der angesehenen Professoren Erik Wolf und Alexander Graf zu Dohna. Als Tatzeugen wurden regelmäßige Teilnehmer der Dah-lemer Gottesdienste Niemöllers benannt, unter anderem Ministe-rialdirektor Brandenburg, Staatssekretär von Bismarck, Ministe-rialrat von Rottenburg und die Schwester Hermann Görings, Olga Rigele. Als Leumundszeugen für den Charakter des Angeklagten und für seine Einstellung zum Staat wurden neben anderen Pro-fessor Sauerbruch, Botschafter Ulrich von Hassell, Generaloberst Freiherr von Hammerstein-Equord, Generalleutnant von Watter und der Chef der Nordseestation, Admiral Otto Schultze, be-nannt.[111]

Die Anklage stützte sich im wesentlichen auf die Berichte der beiden Gestapomänner, die Niemöller bespitzelt hatten. Sie wa-ren schwache Zeugen mit derart dürftigen Beweisen für ihre Be-hauptungen, daß sich der Oberstaatsanwalt noch am ersten Ver-handlungtag verzweifelt mit der Bitte an eine hohe Parteistelle wandte, man möge ihm doch «wirklich stichhaltiges Material ge-gen Niemöller und die Bekennende Kirche»[112] zugehen lassen.

Am letzten Prozeßtag vor der Urteilsverkündung erhielt der Angeklagte das Schlußwort. Niemöller ließ darin keinen Zweifel an seiner Treue zu Volk und Vaterland aufkommen; ebensowenig an seiner Loyalität gegenüber dem «Führer», was aber auch pro-zeßtaktische Gründe hatte. Doch die Grenze des Gehorsams, so bekannte er, bilde für ihn die Bindung an Gottes Wort. *Hier hört die Totalität des Staates wie die Totalität des Menschen wie die To-talität der Welt auf, und Staat, Mensch und Welt bringen sich selbst um ihre eigentliche Bestimmung und um ihr letztes Ziel, wenn sie hier die gezogene Grenze nicht anerkennen. [...] Es wird mich, wenn Gott mir hilft, nichts daran irre machen, daß Jesus Christus mein einziger Trost bleibt im Leben und im Sterben, und daß ich eben darum den Kampf kämpfe für die Reinheit seiner Botschaft, an der Seine Verheißung hängt – stürze darüber Himmel und Erde, sagt Luther.*[113]

Für Niemöller selbst ging es in dem Prozeß in erster Linie nicht um eine politische Bewertung des Nationalsozialismus. Für ihn stand die Freiheit des Evangeliums im nationalsozialistischen Staat auf dem Spiel. An diesem Punkt legte der Dahlemer Pastor ein furchtloses evangelisches Bekenntnis ab, dem wie nur wenigen Bekenntnissen originär protestantische Qualität zukommt. Zu Recht berief Niemöller sich in dieser Lage auf Martin Luther.

Das Urteil gegen Niemöller wurde am 2. März 1938 um 12 Uhr verkündet. Es belief sich auf sieben Monate Festungshaft und eine Geldstrafe von 2000 Reichsmark. Die Festungshaft galt durch die Untersuchungshaft als verbüßt. Das Urteil kam damit einem Freispruch gleich. Von der Anklage der Heimtücke, des Hoch- und Landesverrates war Niemöller freigesprochen worden. «Die Hauptverhandlung hat gezeigt, daß er ein Mann von unbedingter Wahrheitsliebe ist», schrieben die Richter in ihrer Begründung. Weil das Gericht die Strafe auf Festungshaft und nicht auf Ge- fängnis ausgesetzt hatte, bestätigte es, daß Niemöller nicht gegen das Wohl des Volkes und ausschließlich aus ehrenhaften Motiven gehandelt hatte. Nur in diesen Fällen durfte nämlich die Strafe auf Festungshaft ausgesetzt werden. «Es gibt noch Richter in Berlin», schrieben die «Basler Nachrichten» über das Urteil.[114] Und der im Exil lebende Schriftsteller Thomas Mann kommentierte das Urteil mit den Worten: «Wer eine Vorstellung hat von der Juris- diktion eines Nazi-Volksgerichtes versteht, was es heißen will, daß Pastor Niemöller durch ein solches Hitler-Volksgericht von der An- klage, die Kanzel zu politischer Agitation mißbraucht und sich des Verbrechens gegen Staat und Volk schuldig gemacht zu haben, frei- gesprochen wurde.»[115]

Während im Dahlemer Pfarrhaus die Vorbereitungen für einen Freudenempfang getroffen wurden, tobte Hitler in der Reichs- kanzlei, als man ihm das Urteil mitteilte. Dem Bericht eines Zeu- gen zufolge habe der Führer gebrüllt, der Pfaffe solle «sitzen, bis

Else Niemöller mit ihrem Schwager Wilhelm Niemöller (links)
und Pastor Helmut Gollwitzer, um 1938

er schwarz wird». Und nur mit Mühe habe ihn der Reichsjustiz-
minister davon abhalten können, die Richter ins Konzentrationslager einliefern zu lassen.[116] Während Else Niemöller die Koffer
für eine Erholungsreise packte, wurde ihr Mann von zwei Gesta-
pobeamten durch den Hintereingang des Gerichts geführt und als
«persönlicher Gefangener des Führers» in das Konzentrationslager Sachsenhausen nördlich von Berlin verschleppt.

Noch einmal Thomas Mann: «Man vergesse nicht: ein national-
sozialistisches Volksgericht ist eine rauhe Einrichtung. Von Recht
ist da nicht lange die Rede; es wird ‹kurzer Prozeß› gemacht.
Dennoch hatte sogar ein solches Gericht sich nicht entschließen
können, Martin Niemöller zu verurteilen. Hitler aber überliefert
den Gerechtfertigten den Schindern und Schlägern seiner polizei-
lichen Unterwelt.»[117]

Hitler sah in Niemöller den Verantwortlichen dafür, daß Teile
der evangelischen Kirche sich nicht, wie er anfangs gehofft hatte,
als Stütze des Regimes erwiesen, sondern – im Gegenteil – die angestrebte Einheit der Kirche, die in Wirklichkeit eine Gleich-

84

schaltung war, durch immer neue Auseinandersetzungen in Gefahr brachten. Der Widerspruch aus preußisch-protestantischem Lager war für Hitler mehr als unbequem, weil er zunehmend einflußreiche, national-konservative Kräfte zu einer sich langsam formierenden politischen Opposition band. In den Jahren 1937/38 war Niemöller, ohne daß er es wollte, für Hitler in der Tat gefährlicher als Bonhoeffer, für dessen radikalere theologisch-ethische Forderungen der preußische Protestantismus taub war.

Unzählige Protestnoten von politischen und kirchlichen Persönlichkeiten aus aller Welt gegen die unrechtmäßige Verschleppung Niemöllers trafen in der Reichskanzlei ein. Hohe Militärs, unter ihnen der alte Generalfeldmarschall von Mackensen, setzten sich für den Pfarrer ein – jedoch ohne den Erfolg seiner Freilassung. Martin Niemöller sollte bis 1945 eingekerkert bleiben. Wahrscheinlich haben die Proteste mit dazu beigetragen, den Gefangenen vor Folter und Tod zu bewahren.

Die Verbringung Martin Niemöllers ins Konzentrationslager wurde in der Welt einmal mehr als Beweis für den Despotismus des Nationalsozialismus bewertet. Der Mut und das Schicksal von Martin Niemöller wurden zum Symbol des «anderen» Deutschland. Beim «Schweizerischen-Evangelischen Hilfswerk für die Bekennende Kirche in Deutschland» erschien unter dem Titel «Martin Niemöller und sein Bekenntnis» seine Biographie, die sofort ins Englische übersetzt wurde.[118] Valdo Vinay machte den Fall Niemöller in Italien bekannt.[119] Der Titel der ersten amerikanischen Biographie hieß «Martin Niemoeller. Hero of the Concentration Camp»[120]. Niemöllers Predigten waren in Amerika bereits unter dem an ein Lutherwort erinnernden Titel «Hier stehe ich» erschienen.[121] Martin Niemöller wurde in der Welt zur kirchlichen Symbolfigur für Antifaschismus. Die große Anteilnahme an seinem Schicksal hat nach 1945 die Aufnahme von internationalen politischen und kirchlichen Beziehungen des besiegten Deutschland erleichtert.

Niemöller, dessen Schicksal von der Laune des «Führers» abhing, hat unter seiner ungewissen Lage enorm gelitten. Bei der Lagerleitung und den Wachen im Konzentrationslager Sachsenhausen herrschte Unsicherheit, wie man sich gegenüber dem Häftling 569

Wir haben nicht zu fragen, wieviel wir uns zutrauen; sondern wir werden gefragt, ob wir Gottes Wort zutrauen, daß es Gottes Wort ist und tut, was es sagt!

Martin Niemöller

Solidaritätspostkarte mit dem Bild des Verhafteten, die von Anhängern der Bekennenden Kirche verschickt wurde.

verhalten sollte. Zwar kennzeichnete ihn das rote Stoffdreieck als politischen Gefangenen. Aber man wußte auch, daß Hitler ihn zu seinem persönlichen Gefangenen erklärt hatte. Martin Niemöller erhielt die Zelle 1 des Zellenblocks und wurde überwiegend freundlich behandelt. Gegenüber einem Häftling, der des öfteren hohen Besuch bekam, verhielt man sich wohl besser konziliant. Im Januar 1939 besuchte ihn der Reichsführer der SS Himmler, um danach Hitler über Ergehen und Behandlung Niemöllers persönlich zu berichten.[122]

Im Vergleich zu unzähligen seiner Mitgefangenen, die geschunden, gefoltert oder getötet wurden, waren Niemöllers äußere Haftbedingungen sehr gut. Bis auf eine achtwöchige Briefsperre durfte er alle vierzehn Tage nach Hause schreiben. Im Abstand von zwei Wochen bekam seine Frau eine dreißigminütige Sprecherlaubnis. Gelegentlich erhielt auch eines seiner Kinder oder sein Bruder eine Besuchserlaubnis. Einmal besuchte ihn auch sein Vater aus Elberfeld, der ihm beim Abschied sagte: «Lieber Junge, die Eskimos in Nord-Kanada und die Bataks auf Sumatra beten für dich.»[123] Zu den Mahlzeiten wurde Niemöller die doppelte SS-Ration zugestanden und täglich eine Zigarre.[124]

Allerdings achteten seine Bewacher streng darauf, daß Niemöller von den übrigen Häftlingen isoliert blieb. Wenn er Hofgang hatte, waren die anderen Gefangenen des Zellenblocks eingeschlossen, und er wurde von Wachposten begleitet.

Die Ungewißheit belastete ihn zunehmend. Er erlebte einsame Tage und Wochen, in denen ihn bisweilen der Mut verließ. Ein Mithäftling erinnerte sich später: «Ich bin von März 1939 bis 1941 mit Pfarrer Niemöller zusammengewesen. [...] Ich glaube, sagen zu können, daß es für Pfarrer Niemöller eine schwere Zeit gewesen ist, schon allein aus dem Grunde, daß er in Einzelhaft war und streng isoliert. Er durfte im Zellenbau nichts sehen, aber im Bilde war Pfarrer Niemöller doch. Denn die Geräusche und das Schreien und das Jammern, das Schlagen und das Martern an den armen Häftlingen, das hörte Pfarrer Niemöller. Für mich war es schon schrecklich, aber wie muß es einem Menschen zumute sein, der ständig in einer Zelle eingesperrt ist! Er sieht nichts und hört nur jeden Tag das Schreien und das Jammern von den Häftlingen, die geschlagen wurden oder an die Fensterrahmen aufge-

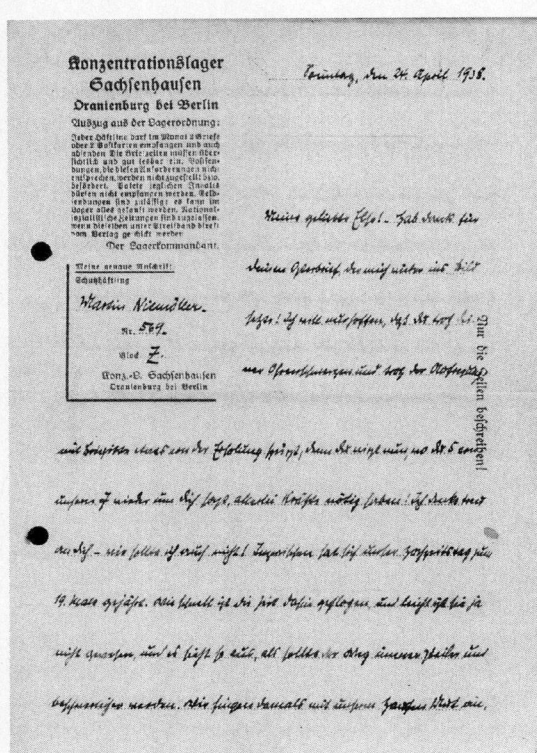

Brief Niemöllers aus dem KZ Sachsenhausen an seine Frau

hängt wurden. Ich glaube, das besagt alles und zeigt auch, wie es Pfarrer Niemöller zumute war.»[125]

Um ihn besorgte Freunde und seine Familie rieten ihm, sich freiwillig zum Kriegsdienst zu melden, da sie hofften, ihn auf diese Weise aus dem Konzentrationslager herausholen zu können. Am 7. September 1939 – nach zwei Jahren Einzelhaft – meldete sich der Kapitänleutnant a. D. zum Kriegsdienst. Das Gesuch wurde von höchster Stelle abgelehnt. Als Niemöller nach Kriegsende von seiner Absicht in einem Interview berichtete, fielen Moralisten in aller Welt beckmesserisch über ihn her: angefangen von der Witwe Präsident Roosevelts bis hin zu C. G. Jung, beide urteilend vom sicheren Port, der sie mit rechtsverletzender Lebensbedrohung noch nicht bekannt gemacht hatte.[126]

Zu den eindrücklichsten Begebenheiten der Haftzeit gehört ein Besuch Niemöllers bei seinem sterbenden Vater: *Als mein Vater auf dem Sterbebett lag, durfte ich eine halbe Stunde zu ihm und wurde zu diesem Zweck nach Elberfeld gebracht. Es war am 17. März 1941 nach Einbruch der Dunkelheit, als ich in das Krankenzimmer geführt wurde. Der Gestapobeamte blieb an der Tür innerhalb des Zimmers zurück. Ich selber konnte vor Bewegung kaum sprechen, und dem Sterbenden wurde das Sprechen sichtlich schwer. Aber er kaufte die Zeit aus, wie er es sein ganzes Leben hindurch getan hatte, und ich war fast die ganze Zeit der Hörende. Mein Vater sprach von den Kindern und von meiner Frau, er sprach zu mir von meinem Los und vom Trost des Glaubens, er sprach von den Geschwistern und von unserer Mutter, alles so, wie es einem guten Hausvater ansteht, der sein Werk getan hat und abschließt. [...] Meine Hand lag in der seinen, als der Beamte zum Aufbruch mahnte.*[127]

Außerhalb der Familie wußten nur wenige, wie es Martin Niemöller im Konzentrationslager erging. Ihre Sorge hat Thomas Mann in Worte gefaßt. Seine Befürchtungen sind nicht eingetroffen. Doch im nachhinein zeigen sie, wie es Niemöller hätte ergehen können und wie es anderen im Konzentrationslager ergangen ist: «Es ist schrecklich in die Hände der Menschen zu fallen; aber in die Hände der Nazis zu fallen, das ist denn doch noch etwas ganz anderes. Niemand weiß, ob Martin Niemöller heute noch lebt, ich meine: Ob das, was von ihm übrig ist, noch irgendwelche Ähnlichkeit hat mit seinem früheren Selbst. Vielleicht ist er nur noch eine menschliche Ruine, mit zitterndem Kopf, zitternden Händen, den Rücken voller Prügelnarben, ein von verblödenden Drogen, die man ihm in die Suppe schüttete, zum speichelnden Idioten gemachtes Gespenst seiner selbst, das nichts mehr weiß und nichts mehr versteht. Ich kann es nicht sagen; aber so lieben die Nazis ihre Feinde zu sehen, und darum ist es wahrscheinlich.»[128]

Auf Unverständnis ist die Absicht des Protestanten Niemöller gestoßen, zur römisch-katholischen Kirche zu konvertieren. Es handelte sich dabei nicht um eine fixe Idee Niemöllers, vielmehr war es das Thema, das die Sachsenhausener Jahre bestimmte.

Äußerlich mag die Enttäuschung über die eigene Kirche eine wichtige Rolle dabei gespielt haben, daß der evangelische Pfarrer zum 1.Januar 1940[129] dem Konsistorium gegenüber seinen Austritt aus der evangelischen Kirche erklärte: die Enttäuschung über ihre zunehmende Kompromißbereitschaft, mit den «deutsch-christlichen» Kirchenämtern zusammenzuarbeiten; über das Auseinanderfallen der Bekennenden Kirche; und vor allem über seine Entlassung als Pfarrer der Kirchengemeinde Dahlem. *Wer sich über meine Konversion aufregt, der soll erst mal eine Reihe durchwachter Nächte über die Zerrissenheit der Kirche klagen und beten; dann sieht sich das alles sehr viel anders an! Wir sollen als Christen glauben, hoffen und lieben, beten und leiden, leben und sterben. Darauf kommt es an, und daran hindert uns das Problematisieren des Protestantismus,* schrieb er am 28. November 1940 seiner Frau. Und am 5. Januar 1941: *Ich sehe keinen Weg, wie die evangelische Christenheit zu ihrem Herrn zurückfinden soll.* Und am 9.Februar 1941: *Du verstehst mich also völlig falsch, wenn Du meinst, ich suche nach einem Ersatz für das, was die evangelische Kirche einmal war; ich suche die Kirche, nachdem mir deutlich geworden ist, daß sie im Protestantismus nicht ist und nicht gewesen ist.*[130]

Doch jenseits der Enttäuschung über die eigene und der Sehnsucht nach der einen Kirche gewann noch ein anderer Punkt an Gewicht. Niemöller stand die vier Jahre Einzelhaft inmitten des Grauens nur durch, weil ihm katholische Meßbücher, das Brevier und Gebetsregeln inmitten aller Todes- und Lebensfurcht, inmitten gnadenloser Einsamkeit, inmitten völliger Unsicherheit einen Halt gaben, den er in der nüchternen Verstandestheologie des Protestantismus vergeblich suchte. *Ich bin die «Theologie» recht herzlich leid, und kann vieles einfach nicht mehr lesen: «Viel Steine gab's und wenig Brot», wenig Glaube, aber viel Gerede über den Glauben.*[131] Stand doch seine «Rechtfertigung allein aus Glauben», das Herzstück der protestantischen Theologie, außer Frage! Ihn quälte etwas ganz anderes: *Jahrelang in Einzelhaft eingesperrt ohne Gottesdienst und ohne Seelsorge, jahrelang von einem Tag zum anderen wartend auf die Befreiung oder das Ende, jahrelang auf dich selbst und deine kümmerliche geistliche Armut angewiesen.*[132] Niemöller ließ sich mit dem Stundengebet, dem Common Prayerbook und der «Nachfolge Christi» des Thomas

Konzentrationslager Dachau, Lagergefängnis: Hier war Martin Niemöller von 1941–1945 inhaftiert.

von Kempen durch die quälende Zeitlosigkeit führen und in einen Rhythmus der Meditation bringen. An Exerzitien war die katholische Kirche reicher als die evangelische. Sie halfen ihm in diesen Jahren. Sie wurden ihm lebenswichtig.

Auch die Gestapo wußte aus Niemöllers Briefen von dessen Überlegungen. Sie glaubte, die kirchliche Opposition zerschlagen zu können, wenn der berühmte, von seiner Kirche verehrte Pastor Niemöller, wenn diese Säule des kirchlichen Protestes seiner Kirche den Rücken zukehrte. So wurde der mit seiner Kirche hadernde Gottesmann auf höchsten Befehl hin am 11. Juli 1941 in das Konzentrationslager Dachau bei München verbracht. Dort legte man Niemöller im Sonderbau des Lagers mit drei katholischen Geistlichen zusammen, mit denen er diskutierte und meditierte. Doch in der unmittelbaren Begegnung mit den katholischen Brüdern erkannte Niemöller, daß *auch in der katholischen Kirche diese menschlichen Unzulänglichkeiten genau so schwer wiegen wie bei uns in der evangelischen Kirche*[133]. Entgegen der

91

Absicht seiner Peiniger kehrte der Protestant zur evangelischen Kirche zurück. *Es ist ganz gut, daß ich unter diesen Umständen mehr oder weniger genötigt bin, die evangelische Linie herauszustellen und zu vertreten,* schrieb er seiner Frau am 20. Juli 1941.[134]

Das Ende der Einzelhaft blieb die wichtigste Veränderung gegenüber der Zeit in Sachsenhausen. Else Niemöller zog 1943 nach Leoni am Starnberger See, damit sie ihren Mann leichter besuchen konnte. Sie blieb ihm auch während der Dachauer Zeit die wichtigste Bezugsperson. Am Heiligen Abend 1944 wurde dem Pastor erlaubt, gemeinsam mit sechs Häftlingen der Sonderabteilung Gottesdienst zu feiern. Ebenso Silvester 1944/45 und Ostern 1945.

Als Niemöller am 7. April 1945 den ersten Kanonendonner hörte, deutete er dies als ein Zeichen für das nahe Ende der Haft. Offen war nur die Frage, welches Ende ihn erwartete. Am 24. April begann für etliche Sonderhäftlinge aus Dachau auf einem offenen Lastwagen die Fahrt ins Ungewisse; unter ihnen der in Ungnade gefallene Hjalmar Schacht, von 1934 bis 1939 Hitlers Wirtschaftsminister, die Generale von Falkenhausen, Halder und Thomas, allesamt Mitwisser des 20. Juli 1944; der letzte österreichische Bundeskanzler Kurt von Schuschnigg, der einstige ungarische Ministerpräsident Nicholas Graf Kóllax; ebenso der «persönliche Gefangene des Führers», Martin Niemöller. Insgesamt waren es 160 Personen. In Südtirol wurde bekannt, daß die SS-Bewacher den Befehl hatten, die Häftlinge zu liquidieren und ihre Leichen in einem See zu versenken. Es mutet fast wie ein Wunder an, daß in diesem Augenblick höchster Gefahr eine Einheit der deutschen Wehrmacht die Gefangenen übernehmen und aus den Händen der SS befreien konnte, vier Tage bevor am 4. Mai die Amerikaner die Häftlinge in Gewahrsam nahmen. Es folgten strapaziöse, hektische und ungewisse Wochen. Verona, Neapel, Caserta, Versailles und Wiesbaden waren die Stationen. Niemöller wurde von politischen Offizieren verhört; für den englischen Marschall Alexander mußte er seine Gedanken über die Zukunft Deutschlands abfassen. Er schlug vor, die politischen Parteien zunächst zu verbieten, und verschaffte seiner Enttäuschung über das Versagen der Parteien in der Weimarer Republik und im Nationalsozialismus Raum. In Wiesbaden, im «Interrogation Center» der Amerikaner, verlor er am 17. Juni die Geduld. *Nennen Sie das Befreiung?* fragte er den Kommandanten und trat in den Hungerstreik. Zwei Tage später, acht Jahre hatte er darauf warten müssen, war er frei.

Im Jahre 1946 beschrieb Niemöller in einer Predigt Eindrücke dieser Freiheit: *Als ich im Sommer 1945 aus der Gefangenschaft in die Freiheit heimkehrte, da kam nach der Freude des Wiedersehens die Stunde, da es mir deutlich wurde, und sich mir auf die Seele legte, daß in dem Kreis der Meinen Lücken klafften, frisch gerissen in den letzten Monaten meiner Haft. Meine liebe Tochter war binnen zwei Tagen abgerufen worden; mein ältester Sohn war im Osten gefallen; mein dritter Sohn saß in Rußland gefangen. Als sich mir das auf die Seele legte, da habe ich gehört und gespürt, wie mein Herz seufzte, wie es murrte: Mein Gott, war es noch nicht des Leides und der Prüfung genug? Mußte das auch noch sein? [...] Als ich dann im Herbst 1945 zu meinem ersten und bisher einzigen Besuch zu meiner Gemeinde nach Berlin kam, da fand ich mein Pfarrhaus als halbe Ruine, zerstört, geplündert, das unterste zu oberst gekehrt und die Gemeinde mit vielen, vielen Lücken. Ich suchte viele in ihrer Mitte und fand sie nicht mehr. Da wurde das Seufzen und Murren meines Herzens von neuem lebendig: Mußte das auch noch sein, daß die Stunde der Rückkehr in meine irdische Heimat mir die Augen dafür auftun mußte, daß ich eine irdische Heimat nicht mehr habe? [...] Als ich sah, wie ich mein liebes deutsches Volk wiederfand, mein Volk, an dem ich gehangen habe und noch hänge mit jeder Faser meines Herzens, dies Volk, das nicht nur in der Tiefe der Not und im Abgrund des Elends saß, sondern das obendrein bedeckt ist mit Schmach und Schande vor aller Welt, da hat mein Herz wiederum geseufzt und gemurrt und hat geschrieen zu Gott.*[135]

Auf die Frage, wie er selbst die Zeit seiner Gefangenschaft erlebt habe, antwortete Niemöller im Jahre 1945 mit den Worten: *Ich erzähle grundsätzlich nichts von meinen Erlebnissen. Ich könnte greuliche Dinge erzählen. Es genügt mir zu sagen: Keine Feder, kein Film reicht aus, um das zu schildern. Und wenn man mich fragt: War es wirklich so schlimm?, dann kann ich nur sagen: Es war tausendmal schlimmer.*[136]

Der Weg ins Freie

Thomas Manns Befürchtungen, die Nazis hätten aus Niemöller einen «speichelnden Idioten» gemacht, trafen nicht zu. Sie hatten es nicht vermocht, ihn körperlich oder seelisch zu brechen. Mit ungebändigter Kraft beteiligte er sich am Aufbau eines anderen Deutschlands. Schon wenige Wochen nach seiner Befreiung stand er in Kirche und Politik zwischen allen Fronten.

Zwar teilte er mit seinen Amtsbrüdern die Ansicht, daß der Kirche für den Aufbau des zerstörten Landes eine besondere Aufgabe zufalle. Doch unterschied er sich von vielen in der Antwort auf die Frage, worin diese besondere Aufgabe bestünde. Seiner Meinung nach sahen manche von ihnen zu einseitig auf die Schuld der anderen, die besonders schmerzlich in der Vertreibung Ostdeutscher durch die sowjetische Armee sichtbar wurde. Zu sehr blieben für ihn viele in jenem Schuldkomplex verhaftet, der noch von 1919 herrührte, als Deutschland durch den Versailler Vertrag gezwungen war, sich zur Alleinschuld am Krieg zu bekennen.

Niemöller wußte um die ganz anders geartete Situation im Jahr 1945. Während seiner Zeit im Konzentrationslager war er täglich Zeuge gewesen, wie Deutsche sich an Menschen vergangen hatten. Wie kaum ein zweiter erkannte er, daß die Rückkehr Deutschlands in die Völkergemeinschaft nicht durch ein Verdrängen des Geschehenen erreicht werden konnte. Das taten etwa die konfessionellen Lutheraner, indem sie stolz von sich behaupteten, den Irrlehren der Zeit widerstanden zu haben, und sich damit selbst die Absolution erteilten.

Niemöller beschritt einen anderen Weg. Er bekannte sich zur deutschen Schuld. Ob seine Äußerungen mit dazu beigetragen haben, daß nicht er, sondern Bischof Wurm im Sommer 1945 Vor-

Nach der Befreiung

sitzender des Rates der Evangelischen Kirche in Deutschland geworden ist? Jedenfalls fanden einige der Kirchenführer seine Rede auf der Gründungsversammlung der Evangelischen Kirche in Deutschland (EKiD) in Treysa im August 1945 taktlos, in der er sich unter anderem gegen den hannoverschen Landesbischof Marahrens stellte und sagte: *Wenn heute jeder kleine Parteigenosse Amt und Brot verliert, dann ist es unmöglich, daß Männer in der Kirchenleitung gehalten werden, die sich in Hirtenbriefen oder in gedruckten Äußerungen oder sonst irgendwie so über den Nationalsozialismus und seine Weltanschauung ausgesprochen haben, daß der kleine Mann dadurch das gute christliche Gewissen bekam, sich der Partei anzuschließen.*[137] Landesbischof Marahrens hatte sich bis 1945 hinter Hitler und den Nationalsozialismus gestellt, war aber nach Kriegsende nicht von seinem Amt zurückgetreten.

Martin Niemöller wurde mit der Pflege der internationalen Beziehungen der evangelischen Kirche beauftragt. Als kirchlicher Außenminister, wenn man so will, baute er in Frankfurt das «Kirchliche Außenamt» auf, dessen Leitung ihm übertragen wurde. Kein anderer war dafür geeigneter als er, der im Ausland als «Hitlers most famous prisoner», als der «Pastor, der Hitler besiegte», bekannt war – wenngleich bei diesen Charakterisierungen auch viel Glorifizierung mitschwang.

Im Oktober 1945 bestand Niemöller, auch von führenden Männern der Ökumene darum gebeten, auf einem Schuldbekenntnis der Kirche. In einem unter Hunger und Vertreibung leidenden, in Zonen aufgeteilten Nachkriegsdeutschland fiel es dem Rat der Evangelischen Kirche in Deutschland nicht leicht zu bekennen: «Durch uns ist unendliches Leid über viele Völker und Länder gebracht worden.» Deshalb sprach man auch schon im zweiten Satz des «Stuttgarter Schuldbekenntnisses», wie die Erklärung heißt, vom Kampf der Kirche gegen den Nationalsozialismus. Ein Wort über die Vernichtung der Juden, den Holocaust, fehlte.

Doch jener erste Satz des Bekenntnisses, der auf Drängen Niemöllers aufgenommen wurde, ermöglichte der deutschen Kirche die Versöhnung mit den Kirchen der Welt und die Aufnahme in die ökumenische Gemeinschaft. «Das Stuttgarter Schuldbekenntnis war die enge Pforte, durch die allein die Christen aus

96

den auseinandergerissenen Nationen zueinander kommen konnten», sprach der dänische Bischof Halfdan Högsbro stellvertretend für viele aus.[138]

Aber worauf die Welt gewartet hatte, davor fürchtete man sich in Deutschland. Ausdrücklich baten die Kirchenführer ihre ökumenischen Brüder, diese Erklärung nicht politisch zu mißbrauchen, etwa im Sinne des Eingeständnisses einer deutschen Kollektivschuld. Man fürchtete sich vor der Schmach eines zweiten Versailles. In der Öffentlichkeit löste das «Stuttgarter Schuldbekenntnis» einen Sturm der Entrüstung aus.

Niemöller zeigte sich von den Vorwürfen, die bis zum Vaterlandsverrat reichten, unbeeindruckt. Er reiste im Land auf und ab und bekannte von Kanzeln und Kathedern: *Unsere heutige Situation ist aber auch nicht in erster Linie die Schuld unseres Volkes und der Nazis. [...] Nein, die eigentliche Schuld liegt auf der Kirche; denn sie allein wußte, daß der eingeschlagene Weg ins Verderben führte, und sie hat unser Volk nicht gewarnt, sie hat das geschehene Unrecht nicht aufgedeckt oder erst, wenn es zu spät war. Und hier trägt die Bekennende Kirche ein besonders großes Maß von Schuld; denn sie sah am klarsten, was vor sich ging und was sich entwickelte.*[139]

Oder: *Da reden die Menschen von der Kollektivschuld, die es nicht gibt, und die es nicht geben kann. [...] Es gibt keine Kollektivschuld, es gibt eine Kollektivhaftung. [...] Laßt uns unsere Häupter verhüllen und nicht gegen die kollektive Haftung anreden – es muß gebüßt werden.*[140]

Niemöller, der ja in den dreißiger Jahren selbst mit dem Nationalsozialismus sympathisiert hatte, bekannte dabei auch immer wieder seine persönliche Schuld. In einem seiner Vorträge berichtete er von seinem ersten Besuch im ehemaligen Konzentrationslager Dachau im Jahr 1945. Er habe seiner Frau die Zelle zeigen wollen, in der er vier Jahre eingesperrt war. Beim Gang durch das ehemalige Lager sei ihr Blick auf eine Gedenktafel gefallen: *«Hier wurden in den Jahren 1933 bis 1945 238756 Menschen verbrannt». – Ich merkte, wie meine Frau zitterte, ich mußte sie stützen. Dabei lief es mir selbst heiß und kalt den Rücken herunter. Meine Frau erschrak vor der Zahl der Toten. Mich hat diese Zahl nicht umgeworfen. Wären es doppelt soviel gewesen, ich hätte es noch für möglich*

Martin Niemöller
Die
Erneuerung
unserer Kirche

Neubau-Verlag

Vortrag, gedruckt in München
1946

gehalten. *Was mir die Fieberschauer über den Rücken trieb, waren die beiden anderen Zahlen: «1933 bis 1945» stand da geschrieben. Ich hätte was darum gegeben, wenn diese Zahlen da nicht gestanden hätten. Da fragte mich Gott* – wie einst den ersten Menschen nach dem Sündenfall: *Adam, Mensch, wo bist du gewesen von 1933 bis 1945? Ich wußte: Auf diese Frage weiß ich keine Antwort zu geben. Ich hatte wohl ein Alibi in der Tasche, meinen Ausweis als Konzentrationär von 1937 bis 1945. Aber was half mir dies Alibi?! Gott fragte mich ja nicht, wo ich von 1937 bis 1945 gewesen war, sondern wo ich von 1933 bis 1937 war. Von 1933 bis 1937 hatte ich keine Antwort. Hätte ich vielleicht sagen sollen: Ich war ein tapferer Bekenntnispfarrer in jenen Jahren, ich habe ein Wort riskiert und schließlich Freiheit und Leben riskiert? Aber danach fragte mich Gott nicht. Gott fragte: Wo warst du von 1933 bis 1937, wo hier Menschen verbrannt wurden? […] Von jenem Augenblick an war es für mich aus, ich kann nicht mehr auf unschuldig plädieren im Blick auf das, was inmitten unseres Volkes an Schuld, an Verdammnis, an Hölle Wirklichkeit geworden ist.*[141] Und 1946 predigte er in Göttingen: *Ich bin schuldig, weil ich 1933 noch Hitler gewählt habe, weil ich geschwiegen habe, als man gleich in der ersten Zeit Scharen von aktiven Kommunisten ohne Prozeß und Gerichtsverfahren verhaftete und einsperrte; ja, auch im KZ noch bin ich schuldig geworden, denn wenn all die Menschen ins Krematorium geschleift wurden, habe ich mich in die Ecke gedrückt und habe nichts dazu gesagt, habe nicht einmal dazu geschrieen.*[142]

Ein Brief Karl Barths an Niemöller vom Juni 1946 zeigt, wie einige der kirchlichen Würdenträger über die Schuldbekenntnisse ihres Amtsbruders dachten. Barth schrieb: «Die Art, wie man Dich in Berlin, in Bayern, in Frankfurt, in Treysa und seither von Stuttgart und Umgebung aus in Ehren kalt zu stellen und unschädlich zu halten versucht hat, ist in der Tat verräterisch dafür, wie die Dinge in der EKD noch immer und nun auch aufs neue stehen. Ich sehe auch das leise Lächeln, Achselzucken und Kopfschütteln, mit dem auch die uns Nahestehenden unter den letztes Jahr an die Macht Gekommenen so ganz behutsam ein wenig Distanz zwischen sich und Dich setzen. [...] Es ist klar wie die liebe Sonne, daß Du ihnen – und nun eben wirklich nicht nur Hans Meiser, sondern auch Hans Asmussen und wohl noch manchem anderen ekklesiastischen Hans bis zutiefst in die Bekennende Kirche hinein – unheimlich unbequem bist und daß es irgend eine Ecke in ihrer Seele gibt, in welcher sie wohl wünschten, es stünde zu Dachau oder anderwärts ein wunderschönes Gedächtniskirchlein, zu welchem sie alle Jahre einmal wallfahren und wo sie dann – Heiliger Martin, bitt' für uns arme Sünder! – etliche Horen zu Deinen Ehren singen könnten, statt daß Du in Deinem so bedauerlich ramponierten Auto immer noch im Land herum fährst und taktlose Dinge sagst, die sie dann mit ausbaden müssen.»[143]

Trotz aller Angriffe widerstand Martin Niemöller jedem Versuch, die kirchliche Mitschuld an Terror und Tyrannei zu verharmlosen. Dennoch ist gegen ihn der Einwand erhoben worden, seinen moralischen Schuld*bekenntnissen* fehle eine reflektierte Schuld*erkenntnis*.[144] Er habe kein Wort über die von ihm so ungeliebte Weimarer Republik verloren, in der doch schwärte, was nachher ausbrach. Und statt die Frage nach dem Woher des Antisemitismus zu stellen, die beispielsweise für Helmut Gollwitzer richtungweisend wurde, habe Niemöller seinen Antijudaismus lediglich der von Gott gebotenen Nächstenliebe untergeordnet, ohne ihn letztlich zu überwinden. Aus einem Fernsehinterview im Jahr 1963 werde das beispielsweise deutlich. Niemöller sagte darin: *Erst sehr viel später, im Konzentrationslager, ist mir dann wirklich überzeugend aufgegangen, daß ich mich als Christ nicht nach meinen Sympathien oder Antipathien zu verhalten habe, sondern daß ich in jedem Menschen, auch wenn er mir noch so unsympathisch ist, den Menschenbruder zu sehen habe, für den Jesus an seinem Kreuz gegangen hat, genauso wie für mich, und daß das jede Ablehnung und jedes Antiverhalten gegen eine Gruppe von Menschen irgendeiner Rasse, irgendeiner Religion, irgendeiner Hautfarbe usw. einfach ausschließt!*[145]

Mitglieder des Rates der EKiD in Treysa, August 1945: in der Mitte Ratsvorsitzender Landesbischof Wurm, links neben ihm sein Stellvertreter Martin
Niemöller, ganz rechts Hanns Lilje und Eugen Gerstenmaier

Gewiß hat Martin Niemöller sich nicht in wissenschaftlicher
Weise mit den Voraussetzungen beschäftigt, die dem Nationalsozialismus zum Durchbruch verhalfen. Er fragte auch nicht nach
den Hintergründen der von ihm so bezeichneten *Antipathien.*
Darin aber einen latenten Antisemitismus zu vermuten, erscheint
fragwürdig, zumal Niemöller immer wieder die Judenvernichtung
ins Zentrum seiner Predigten und Reden stellte.

Am 10. November 1945 schrieb er: *Wenn wir […] anfangen, jetzt,
nachdem wir eine Welt mit Qualen, Blut und Leichen, mit Trüm-
mern und Wüstenei angeführt haben, den anderen ihre Sünden vor-
zuhalten, dann kann ich nur sagen: Alles das ist nur ein Quentchen
gegenüber dem Zentnergewicht dessen, was wir auf unser Gewissen
geladen haben. […] Wahrscheinlich haben Sie noch nie eine Gas-
kammer von innen gesehen, haben Sie noch niemals vor dem Krematorium in Dachau gestanden, in dem über eine viertel Millionen
Menschen verbrannt worden sind: Wenn man das sieht, vergehen
einem die Sinne.*[146]

Der Pastor bekannte seine Schuld nicht nur vor den Opfern des Nationalsozialismus, sondern auch vor den Tätern. Mancher Gottesdienstbesucher könne gegen ihn aufstehen und sagen: *Ich habe dich predigen hören; du hast mich 1933 und 1934 vor nichts gewarnt, und so bin ich in die Partei gegangen, so bin ich SS-Mann geworden; du hast mich nicht gewarnt,* sagte er 1946.[147] Und auf dem Kirchentag in Dortmund 1963 führte Niemöller jenes Beispiel an, mit dem die christliche Versöhnungslehre auf dem Prüfstand steht. Er erzählte von einem Alptraum aus dem Jahr 1945: *Da träumte mir, und ich sah vor mir eine blendend weiße Wolke, in die ich hineinschauen mußte, so daß ich weder nach rechts noch nach links fortblicken konnte. Und dann kam aus der Wolke eine gewaltige Stimme, die aber nicht zu mir sprach, sondern zu jemand, der zu meiner Linken und ein wenig hinter mir stehen mußte: «Hast du etwas zu deiner Entschuldigung zu sagen?» – Ich kannte die Stimme nicht, wohl aber diejenige, die nun antwortete: «Ja, mir hat niemals jemand das Evangelium gesagt!» – Es war die Stimme Adolf Hitlers; und in dem Augenblick wachte ich vor Schrecken auf, denn ich wußte, die nächste Frage geht an dich, und sie wird fragen: «Warum hast du ihm das Evangelium nicht gesagt? Du bist ihm doch begegnet!?» – Wer ist da eigentlich für all das Unmenschliche, das von diesem Menschen ausgegangen ist, letztlich verantwortlich?*[148]

Niemöller kritisierte die Art der Entnazifizierung in Deutschland, weil Bagatellfälle bevorzugt erledigt, die Verfahren gegen Schwerbelastete hingegen häufig hinausgezögert und verschleppt wurden. Zudem träfen *die Folgen der Entnazifizierung am schwersten die sogenannten ‹kleinen Leute›, die nicht aus Überzeugung in die Partei eingetreten sind, sondern aus Sorge um ihren Arbeitsplatz oder ihr Geschäft,* schrieb er im Herbst 1945.[149] Und 1948, als Kirchenpräsident, verfaßte er eine Kanzelabkündigung gegen das sogenannte Befreiungsgesetz, die in den Gottesdiensten der Evangelischen Kirche in Hessen und Nassau verlesen wurde. Darin hieß es, die Entnazifizierung gleiche nationalsozialistischen Methoden. Niemöller rief zum Boykott auf: *Wirkt an dieser Sache, die soviel Unrecht im Gefolge hat, nicht länger aus freien Stücken als öffentliche Kläger oder freiwillige Belastungszeugen mit.*[150]

Natürlich war auch Niemöller der Ansicht, daß alle kriminellen Taten aus der Zeit des Nationalsozialismus verfolgt werden sollten. Doch sah er in blinder Vergeltung keine gerechte Lösung. Niemöller setzte sich persönlich für seiner Ansicht nach zu Unrecht als Kriegsverbrecher verurteilte Personen ein; unter anderem für Kurt Gerstein, der als SS-Offizier nachweislich die Bekennende Kirche und das Ausland von der Judenvergasung in den Vernichtungslagern in Kenntnis gesetzt hatte. Auch kamen in den hessen-nassauischen Kirchengemeinden viele ehemalige deutsch-christlich gesinnte Pfarrer unter. Während Niemöller diese Bemühungen von vielen Deutschen hoch angerechnet wurden, stießen sie bei den Alliierten auf Ablehnung. «Es schmerzt mich, erleben zu müssen, daß ein Vertreter des religiösen Glaubens sich zum Fürsprecher derjenigen macht, die das Gesetz mißachten und brechen», kritisierte der amerikanische Militärgouverneur Lucius D. Clay den Kirchenpräsident.[151]

Martin Niemöller war im Herbst 1947 von der Synode der Evangelischen Kirche in Hessen und Nassau zu ihrem ersten Kirchenpräsidenten gewählt worden. Vor der Wahl war erwogen worden, dem Vorsitzenden der Kirchenleitung den Titel eines Bischofs zu verleihen und ihm das Bischofsamt zu übertragen. Aber Martin Niemöller hatte den Synodalen vorgehalten:

Der Bischof verleitet ja doch dazu, daß wir alle […] zu der Auffassung kommen: Der Bischof ist derjenige Theologe in der Kirche, aus dem der Geist Gottes am deutlichsten spricht! […] Meine Erfahrung mit der Bischofsgeschichte in Deutschland ist nun einmal nicht die, daß sie ein stärkeres Gewicht hätten als das, was Gott durch Jesus und den Heiligen Geist in den Jahren des Leidens und der Verfolgung den Gemeinden geschenkt hat. Da haben wir es doch gemerkt, daß es um den Herrn Christus mit seiner lebendigen Gegenwart geht und daß er sich nicht an den Bischof bindet. Auch da, wo die Bischöfe abfallen, auch da, wo die Pastoren abfallen oder verhaftet werden, sorgt er dafür, daß das Wort und das Sakrament verwaltet werden und nicht unter den Tisch fallen. Das Amt ist da, der Herr Christus sorgt schon dafür, daß das Amt da ist. […] Deshalb sehen Sie auch nicht, daß ich mir das Bischofskreuz umhänge, weil ich nicht den Eindruck erwecken möchte: Hier kommt ein

Mann, der weiß von dem Herrn Christus etwas mehr als unser Herr Pastor.[152]

Zudem war Niemöller stellvertretender Ratsvorsitzender der EkiD, und er behielt auch sein Amt als Leiter des Kirchlichen Außenamtes. Unermüdlich reiste Martin Niemöller in viele Staaten der Erde und wurde dort als Bürge eines «anderen Deutschlands» angesehen und aufgenommen. Nur langsam wuchs das Vertrauen der Völkergemeinschaft gegenüber Deutschland. Leid und Schmerz waren zu frisch und zu stark.

Martin Niemöller war es, der nach Kriegsende als erster Deutscher öffentlich in Norwegen, Dänemark und Schweden, in den Niederlanden, in England, Irland und Schottland reden durfte. Die Vertreter jener Länder, über die Deutschland so viel Leid gebracht hatte, hatten zu ihm als einem ehemals verfolgten Christen Vertrauen. «Pastor Niemöller war in dieser Stunde der einzig mögliche Botschafter seiner Kirche und seines Volkes», formulierte der dänische Bischof Högsbro.[153]

Im Dezember 1946 folgte Niemöller einer Einladung der amerikanischen Kirche. Gemeinsam mit seiner Frau reiste er fast ein halbes Jahr durch die Vereinigten Staaten, hielt an mehr als dreihundert Orten in überfüllten Sälen mit bis zu 12 000 Zuhörern Predigten, Vorträge und Seminare. Unermüdlich warb er dabei auch um Lebensmittelspenden für die deutsche Bevölkerung, die als «Care Pakete» den Hunger zu Hause linderten. Bis 1960 besuchte Niemöller die USA zwölfmal.

Im August 1949 trat er eine dreimonatige Evangelisationsreise nach Australien und Neuseeland an. 1950 besuchte er Südamerika.

Die umstrittenste Reise Niemöllers war ein einwöchiger Besuch in Moskau im Januar 1952. Die Reise fiel in die Zeit schärfster Ost-West-Spannungen. Koreakrieg, geteiltes Deutschland, Wiederbewaffnung waren die politischen Stichworte dieser Zeit. Das Klima in der Bundesrepublik war so sehr von der Konfrontation der Blöcke bestimmt, daß jeder Versuch der Aufnahme von partnerschaftlichen Beziehungen über den Eisernen Vorhang hinweg als Verrat des christlichen Abendlandes, der Demokratie und der Freiheit verurteilt wurde.

103

Martin Niemöller als Botschafter des «besseren Deutschland»:
1946 in den USA, mit seiner Frau Else

Werbeplakat in einer australischen Stadt, 1949

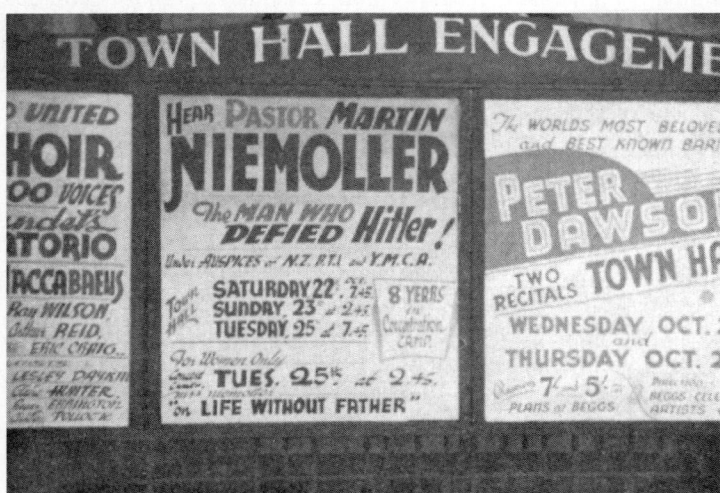

In Moskau 1952, mit dem Patriarchen von Moskau und ganz Rußland
Alexius (Mitte) und Metropolit Nikolai, dem damaligen Leiter des
Außenamtes der Russisch-Orthodoxen Kirche

Niemöller reiste auf Einladung des Patriarchen von Moskau.
Sein Ziel war es, die Russisch-Orthodoxe Kirche für die Mitglied-
schaft im Ökumenischen Rat der Kirchen zu gewinnen. Allerdings dauerte es weitere neun Jahre, bis sie 1961 der Weltgemein-
schaft der Kirchen beitrat. Der deutsche Pastor traf auch mit
dem stellvertretenden russischen Außenminister zusammen und
sprach ihm gegenüber das Problem der deutschen Kriegsgefangenen und Internierten an, um deren Schicksal man auch sieben
Jahre nach Kriegsende besorgt war.

In der Bundesrepublik hagelte es buchstäblich Proteste gegen
die Reise. Noch während Niemöller in Moskau war, telegrafierte
ihm der Vorstand der Deutschen Jungdemokraten, der Jugend-
organisation der FDP: «Bleiben Sie in Moskau! Vor Heimkehr
des letzten Kriegsgefangenen ist Ihre eigene Rückkehr uner-
wünscht. Es lebe die Freiheit!»[154] Die SPD bezeichnete die Reise
als «absolut unerfreuliche Aktion»[155], und Bundeskanzler Adenauer empfand es als «tiefbedauerlich, daß ein Deutscher in der

Person des hessischen Kirchenpräsidenten seiner eigenen Regierung auf diese Weise und zu diesem Zeitpunkt in den Rücken fällt»[156]. Helmut Thielicke, damals Theologieprofessor in Tübingen und Sprecher der westdeutschen Rektorenkonferenz, kritisierte in einem offenen Brief an Bischof Dibelius, den Ratsvorsitzenden der EkiD, es sei Schuld und Unglück zugleich, «daß man einen Mann mit der Behandlung dieses heikelsten aller Probleme befaßt, der in den letzten Jahren immer wieder verwirrt und verwirrend gehandelt hat»[157]. «Keine Verträge mit Kommunisten» – so lautete die politische Devise des Kalten Krieges. Allerdings reiste der Bundeskanzler dreieinhalb Jahre später selbst nach Moskau und vereinbarte – quasi als Gegenleistung für die Freilassung der Kriegsgefangenen – die Aufnahme diplomatischer Beziehungen zwischen der Bundesrepublik und der Sowjetunion.

Niemöller betonte im Anschluß an seine Reise, er verstehe es als seine Christenpflicht, *nicht als Parteigänger, sondern als Bote und Diener des Friedens Christi [...] nach dem Osten und nach dem Westen hin Fühlung zu nehmen*[158]. Seine zweite Reise in die UdSSR trat Niemöller jedoch erst im Frühjahr 1961 an. Sie diente der Vorbereitung auf die Vollversammlung des Ökumenischen Rates der Kirchen im Herbst 1961 in Neu-Delhi, wo die Russisch-Orthodoxe Kirche dem Weltkirchenrat beitrat und Martin Niemöller für sechs Jahre zu einem seiner sechs Präsidenten gewählt wurde. In den fünfziger Jahren besuchte er noch zahlreiche Länder Osteuropas und nahm an den Jahrestagungen des Weltfriedensrates teil, unter anderem 1953 in Budapest und 1954 in Prag. Seit 1954 war Niemöller Präsident der Deutschen Friedensgesellschaft.

Während er in den ersten Nachkriegsjahren dafür arbeitete, die Isolation Deutschlands in der Welt aufzubrechen, dienten seine späteren Reisen der Völkerversöhnung. *Eine Welt oder keine Welt* – so lautet der Titel des Bandes seiner Reden aus den Jahren 1961–1963. Er beschäftigte sich mit der Lehre Gandhis in Indien (1952/53) und besuchte Albert Schweitzer in Lambarene (1965).

Im Juli 1965 reiste er als Vertreter des «Kirchlichen Notkomitees für Vietnam» in das vom Krieg heimgesuchte Land. 1966 flog er als Gast der Regierung Nordvietnams gemeinsam mit einem anglikanischen Bischof, einem amerikanischen Presbyterianer und einem kanadischen Rabbi nach Hanoi und traf dort unter anderem mit Ho Tschi Minh zusammen.[159] Ende der sechziger Jahre besuchte Niemöller in Südafrika den Präsidenten und geistigen Kopf des verbotenen African National Congress, den Friedensnobelpreisträger Häuptling Albert Luthuli, und lenkte damit einmal mehr den Blick der Öffentlichkeit auf die Apartheid in Südafrika.

Der Kampf
um Deutschlands Einheit

Neben dem völkerversöhnenden Wirken Martin Niemöllers rückte für ihn zunehmend der Kampf um die Einheit Deutschlands ins Blickfeld. Die deutsche Frage war für ihn eine politische Kernfrage, *so daß ich*, wie er 1951 sagte, *bei all meinem politischen Denken zunächst an die Ostzone und dann erst an die Menschen in der Westzone und dann erst an die Menschen in der übrigen Welt denke*[160].

Mit der politischen Teilung Deutschlands in zwei getrennte Republiken im Jahr 1949 konnte sich der preußisch und protestantisch denkende Pastor zeitlebens nicht abfinden. *Ich habe darauf aufmerksam gemacht, daß seit den Tagen der Reformation der Protestantismus in seinem äußeren Bestand keine derartige Einbuße jemals erlitten hat wie durch die Amputation Ostdeutschlands, zunächst durch die Abtrennung von Ostpreußen, Ostpommern, Ostbrandenburg und Schlesien und die Austreibung der Bevölkerung aus diesen Provinzen, sodann durch die Grenzziehung des «Eisernen Vorhanges», hinter dem über 17 Millionen Deutscher auf ihrem Heimatboden in der Fremde leben*, schrieb er im Dezember 1949 an Gustav Heinemann, seinerzeit Bundesinnenminister und Präses der Synode der Evangelischen Kirche in Deutschland.[161]

Dem katholischen Bundeskanzler warf Niemöller die Preisgabe des protestantischsten und preußischsten Teils Deutschlands zugunsten einseitiger Westorientierung vor. *Die Leute, die in Frankfurt die neue Verfassung machten, das waren keine Preußen, sondern das waren Menschen aus dem Rheinland und eben die Siegermächte, die haben unsere Verfassung gemacht*, erinnerte er sich 1983.[162] Kurz und provokant formulierte er es 1949 gegenüber einer amerikanischen Journalistin so: *Die gegenwär-*

Mit Gustav Heinemann und Otto Dibelius, 1950

tige westdeutsche Staatsform wurde in Rom gezeugt und in Washington geboren.[163] Niemöller setzte eine von West- wie von Ostdeutschland gleichermaßen angestrebte Wiedervereinigung voraus und folgerte: *Ein wiedervereinigtes Deutschland würde ohne Zweifel viel sozialistischer aussehen als die westliche Bundesrepublik von heute und sicherlich viel weniger kommunistisch als die jetzige Deutsche Demokratische Republik.*[164]

Niemöller, der sich wegen seiner Äußerungen gegen die Art der Entnazifizierung gestern noch «Nazi-Pastor» schimpfen lassen mußte, wurde heute als «Agent Moskaus», «Vaterlandsverräter» und «Störer des konfessionellen Friedens» gescholten. Stellvertretend für viele urteilte Helmut Thielicke 1949: «Vielleicht ist die Stunde, in der Martin Niemöller einmal zum Führer seiner Kirche verordnet war, tatsächlich vorüber.»[165]

Die Deutschlandfrage war für Niemöller mehr als eine bloß nationale Frage. Er sah in ihr auch den Schlüssel für eine friedliche Annäherung der beiden Supermächte UdSSR und USA in der Zeit des Kalten Krieges. Nur ein souveränes Deutschland – *es*

109

müßte wieder ein eigenes deutsches Wesen entwickeln, aber nicht das des Deutschland von gestern[166] – entziehe sich einem Mißbrauch der Blöcke, die es momentan im friedensgefährdenden Rüstungspoker als Spielball mißbrauchten: *Wir Deutschen sind seit 1945 Objekte geworden, Objekte für das Planen und für das Tun anderer Mächte.*[167]

Niemöller ordnete sich nicht ängstlich dem Diktat der Siegermächte unter, sondern zeigte Selbstbewußtsein. Der Pastor, der vor Hitler nicht zurückgewichen war, opferte sein Vaterland auch nicht den Interessen der Siegermächte: *Diese 20 oder 21 Millionen Menschen hinter dem Eisernen Vorhang haben in der ganzen Welt niemand, der sich um sie kümmert. Sie haben in der ganzen Welt keinen Nächsten. Die Russen legen keinen Wert darauf, ob diese 20 Millionen zu Grunde gehen. Auch den Polen ist es gänzlich egal und ebenso den Tschechen. Die Menschen in der Ostzone haben eben keinen Nächsten, auch nicht in der übrigen Welt. Den Amerikanern sind die 20 Millionen da drüben vollkommen gleichgültig, den Engländern natürlich erst recht, und der Franzose würde viel besser schlafen können, wenn diese 20 Millionen da drüben schon tot und verhungert wären. Denn dann wäre das deutsche Volk nicht mehr 65 Millionen stark, sondern bloß noch 42 bis 43 Millionen und damit biologisch nicht wesentlich stärker als das französische Volk. Ich sage das nicht, um Sie irgendwie gegen die Besatzungsmächte oder die anderen Völker unwillig zu machen, sondern um Ihnen zuzurufen: [...] Entweder sind wir, – die 42 oder 43 Millionen in Westdeutschland, die Nächsten für diese 20 oder 21 Millionen hinter dem Eisernen Vorhang, oder sie haben überhaupt keinen Nächsten.*[168]

Niemöller forderte den Abzug der alliierten Streitkräfte aus Deutschland. Statt dessen, so schlug er vor, sollten schwedische UN-Soldaten den Weg Deutschlands in die Demokratie sicherstellen; ein brillanter Vorschlag, der, wäre er ernsthaft verfolgt und politisch umgesetzt worden, den Deutschen viel Leid erspart haben könnte. Doch er paßte nicht in die Pläne der westlichen Alliierten, denen auch die Bundesregierung folgte.

Wahlplakat der G.V.P.
zur Bundestagswahl 1953

Aus seiner gesamtdeutschen Haltung ergaben sich für Martin Niemöller praktische Konsequenzen: Er boykottierte im August 1949 die Wahlen zum Ersten Bundestag, weil seiner Meinung nach dadurch die politische Teilung Deutschlands zementiert wurde. Eine Wahl, an der ein Drittel der Deutschen nicht teilnehmen konnte, war für ihn nicht akzeptabel. 1953 sympathisierte er mit Gustav Heinemanns Gesamtdeutscher Volkspartei. Niemöller konnte sich mit einem geteilten Deutschland nicht anfreunden. 1960 sagte er in einer Rede: *Wer durchschaut eigentlich die Lüge, die in dem Schlagwort steckt: «Wahlrecht ist Wahlpflicht!»? Und dabei ist diese Lüge doch kinderleicht zu durchschauen. Wenn mir die Wahl gegeben wird zwischen einem faulen Apfel und einer faulen Birne, so denke ich nicht daran, ein solches «Wahlrecht» als «Wahlpflicht» anzuerkennen; ich werde sagen: « Beides eben nicht. Behaltet, was ihr mir da anbietet!»* [169] Noch für die Bundestagswahlen im

111

Jahr 1965 empfahl er den Westdeutschen in einem Artikel, ungültige Stimmzettel abzugeben. Daraufhin nannte ihn Herbert Wehner, damals stellvertretender SPD-Vorsitzender, einen «politischen Niemand». Der SPD-Politiker entschuldigte sich aber Jahre später, er habe sagen wollen: Wer zur Wahlenthaltung aufrufe, lande im «politischen Niemandsland».[170]

Es lag auch in der Konsequenz seines patriotischen Denkens, daß Niemöller ein Gegner der Wiederbewaffnung West- und Ostdeutschlands war: *Die westdeutsche Wiederbewaffnung wird die völlige Zertrennung des deutschen Volkes und die völlige Isolierung seiner östlichen Hälfte vollständig machen*, schrieb er 1951.[171] Im Spätsommer 1950 hatte Bundeskanzler Adenauer den westlichen Besatzungsmächten einen Wehrbeitrag der Bundesrepublik angeboten, was dann den für die Sicherheits- und Deutschlandpolitik zuständigen, ebenfalls gesamtdeutsch denkenden Innenminister Heinemann veranlaßte, von seinem Ministeramt zurückzutreten. Wenige Tage vor Heinemanns Rücktritt schrieb Niemöller am 4. Oktober 1950 in einem offenen Brief an den Bundeskanzler: *Herr Bundeskanzler! Trotz aller gegenteiligen Zeitungsnachrichten wird die Remilitarisierung Westdeutschlands, d. h. die Wiederaufrüstung deutscher Menschen für einen möglichen Krieg zwischen Ost und West, mit allen Mitteln betrieben. [...] Die Evangelische Kirche in Deutschland hat keinen Zweifel gelassen, daß sie einer Remilitarisierung nicht das Wort reden könne – weder im Osten noch im Westen. Darüber hinaus werden sich evangelische Christen jeder Remilitarisierung praktisch widersetzen und sich darauf berufen, daß ihnen die Bundesverfassung dieses Recht gibt. Und wenn ihnen durch eine Verfassungsänderung dieses Recht wirklich entzogen werden sollte, so werden wir uns wieder einmal darauf berufen müssen, daß man Gott mehr gehorchen muß als den Menschen.*[172] Schließlich forderte Niemöller Neuwahlen, durch die die Bürger ihre Meinung in einer so wichtigen Frage selbst kundtun könnten.

Das waren scharfe Worte für den Leiter des Kirchlichen Außenamtes, der ja auch stellvertretender Ratsvorsitzender der Evangelischen Kirche in Deutschland war. Aber Martin Niemöller bezog sich in seinem Brief auf eine Erklärung des Rates der EKiD, die dieser am 27. August 1950 während des Kirchentages in

Essen verabschiedet hatte. In der «Essener Erklärung» hatte der Rat einmütig bekannt: «Einer Remilitarisierung Deutschlands können wir das Wort nicht reden, weder was den Westen, noch was den Osten anbelangt. [...] Daß Deutsche jemals auf Deutsche schießen, muß undenkbar bleiben!»[173] Die Tatsache aber, daß er im Namen der Evangelischen Kirche in Deutschland und der evangelischen Christen mit einem zweiten Kirchenkampf drohte und den Bundeskanzler angriff, löste in Politik und Kirche heftige Proteste aus. Der Kanzler selbst, so steht es in einer von ihm autorisierten Biographie zu lesen, wurde durch den Brief «in eine Erregung versetzt, wie man sie selten an ihm erlebt». Im Kabinett sagte er: «Was Niemöller jetzt treibt, ist glatter Landesverrat!» Der Pastor «versündige» sich gegen Ehre und Ansehen seiner Mitmenschen und füge dem deutschen Volk im In- und Ausland «schwersten Schaden» zu.[174]

Doch Niemöller ließ sich von dieser Kritik nicht in seiner Überzeugung beirren und ging noch einen Schritt weiter: Als Vorsitzender des Bruderrates der Bekennenden Kirche, einem, wenn man so will, kirchlich-außerparlamentarischen Überbleibsel aus der Zeit des Kirchenkampfes, organisierte er für den 30. Oktober 1950 eine Zusammenkunft zwischen dem Bruderrat und dem SPD-Bundesvorstand. Nach einem siebenstündigen Gespräch stellten beide Partner in einem Kommuniqué fest, daß «ein Entscheid in dieser Frage [der Remilitarisierung] nicht vom gegenwärtigen westdeutschen Bundestag, sondern nur von einem neu gewählten Parlament getroffen werden kann»[175].

Eine gemeinsame Erklärung von SPD und Kirche war ein geschichtliches Novum. Die Mehrheit der Kirchenleitungen stand nach wie vor in vaterländisch-konservativer Tradition und sah in dem Treffen Niemöllers mit Kurt Schumacher eine Verletzung der der Kirche gebotenen Neutralität. Hingegen war es für Niemöllers Kritiker selbstverständlich, daß der Rat der EKiD im selben Jahr gemeinsam mit der Bundesregierung in Königswinter getagt hatte.

Im Zuge dieser Ereignisse berief der Ratsvorsitzende Bischof Dibelius für den 17. November 1950 eine Sondersitzung der Kirchenkonferenz und des Rates der EKiD nach Berlin-Spandau ein. Im Gegensatz zur «Essener Erklärung», die keine drei Monate

113

Niemöller mit dem SPD-Vorsitzenden Kurt Schumacher, 1950

zuvor verabschiedet worden war, hieß es jetzt: Die Frage, ob eine «wie immer geartete Wiederaufrüstung unvermeidlich ist, kann im Glauben verschieden beantwortet werden». Das war die Preisgabe der antimilitaristischen Position der Evangelischen Kirche. Aus Niemöllers Sicht war es aber vor allem die Preisgabe der deutschen Einheit durch die Kirche.

Als Reaktion auf den offenen Brief Niemöllers an den Bundeskanzler forderte der Rat die Amtsträger der Kirche auf, «in ihren politischen Äußerungen um ihres Dienstes willen am Evangelium, der allen gilt, möglichst Zurückhaltung zu üben»[176]. Das war eine diplomatisch formulierte Mißbilligung von Niemöllers theologischem Verständnis des politisch Gebotenen.

Nicht nur innerhalb der EKiD, sondern auch als Kirchenpräsident der hessen-nassauischen Kirche mußte sich Niemöller wegen des Treffens mit den Sozialdemokraten rechtfertigen. In Wiesbaden sagte er am 15. November 1950: *Jawohl, diese Verhandlung habe ich geführt, obgleich ich kein SPD-Mann bin und noch nie in*

114

meinem Leben SPD gewählt habe. Und zum Vorwurf, die Regierung Adenauer stürzen zu wollen, entgegnete Niemöller, dabei seine persönliche Wertschätzung des sozialdemokratischen Parteivorsitzenden und ehemaligen Dachauer Mitgefangenen nicht verbergend: *Ich habe dem Dr. Schumacher gesagt: «Um Himmelswillen, Herr Doktor, legen Sie es bloß nicht darauf an, Nachfolger von Herrn Dr. Adenauer in Westdeutschland zu werden!» Ich habe ihm das ausdrücklich gesagt, und zwar mit der Begründung, mit der ich jeden, den ich für wertvoll halte, aus dieser Politik heraushalte. Ich habe ihm gesagt: «Wir werden noch ein paar Leute brauchen, wenn Gott es uns schenkt, daß Westdeutschland und die zwanzig Millionen im Osten wieder zusammenkommen. Wer dann in einem dieser Teilstaaten mit amerikanischem oder russischem Vorzeichen als Politiker verbraucht ist, der wird uns dann nicht mehr viel helfen können.»* [177]

1952 wurde die Bundesrepublik Mitglied der Westeuropäischen Verteidigungsunion, 1955 der NATO. 1956 folgte die Einführung der allgemeinen Wehrpflicht.

Als sich in der Frage der seelsorgerlichen Begleitung der bundesdeutschen Soldaten der 1957 zwischen den westlichen Gliedkirchen der EKiD und der Bundesrepublik abgeschlossene Militärseelsorgevertrag als Modell abzeichnete, warnte Niemöller vor diesem Vertrag. Er befürchte, daß die westlichen Landeskirchen ihre gesamtdeutsche Verantwortung preisgäben, wenn sie dem westdeutschen Staat Pfarrer als Staatsbeamte zur Verfügung stellten: *Die evangelische Kirche ist heute die einzige Größe, die noch für die Freiheit des ganzen Volkes ihre Stimme erheben kann. Weder Dr. Adenauer noch Grotewohl können das tun, sie haben die Vollmacht nicht, und sie wissen, daß sie sie nicht haben.* [178] Tatsächlich hat der mit dem Militärseelsorgevertrag beschrittene, einseitig westlich orientierte Weg, an dessen Ende die Trennung zwischen der EKiD und dem Bund der evangelischen Kirchen der DDR im Jahr 1969 zu sehen ist, für die Gliedkirchen in der DDR viel Kummer ausgelöst.

Auch innerhalb der evangelischen Kirche wurde Niemöllers wie Heinemanns Kampf um Deutschlands Einheit eher als antiwest-

Das Wohnhaus des Kirchenpräsidenten in Wiesbaden, Brentanostraße 3,
Niemöllers Wohnsitz von 1947 bis 1984

Der Familienvater mit den Söhnen Jan und Martin (links),
der Tochter Hertha und dem Pflegesohn Hans Schulz, 1951

lich, als Bereitschaft, die Freiheit und das Christentum zu opfern, verstanden. Für ihr protestantisch-patriotisches Interesse mit dem Hauptanliegen der Wiedervereinigung hatte man allenfalls noch jenen Respekt über, den man politischen Idealisten entgegenbringt. Ein Brief des Berliner Bischofs Otto Dibelius, des Ratsvorsitzenden der EKiD, zeigt sehr deutlich, wie unbequem Gustav Heinemann und Martin Niemöller für viele innerhalb der Kirche waren. Am 2. Januar 1951 schrieb Dibelius an Heinemann, seinerzeit Präses der Synode der EKiD: «Wenn Sie aber weiterhin in der politischen Arbeit bleiben, wird es m. E. mit Notwendigkeit dazu kommen, daß die Synode eines Tages erklärt: zwei in der politischen Diskussion stehende Persönlichkeiten als Ratsmitglieder und in prominentem Amt sind zuviel, zumal da beide an demselben Strang ziehen und damit andere verärgern, die politisch anders denken. Ich habe die leise Besorgnis, daß die Politik uns eines Tages doch Ihrer kirchlichen Mitarbeit berauben könnte. [...] Und wie es mit unserm Freunde Martin Niemöller gehen wird, kann auch niemand sagen. Mir steht immer das Leben Adolf Stoeckers vor Augen, in dem es schließlich auch nicht mehr anders ging, als daß ihm eine Wirksamkeit jenseits aller offiziellen Ämter aufgebaut wurde.»[179] Otto Dibelius' «leise Besorgnis» war durch Niemöllers und Heinemanns Proteste gegen die Remilitarisierung im Herbst 1950 verstärkt worden. Im März 1952, unmittelbar nach Niemöllers erster Moskaureise, erklärte Bischof Dibelius auf einer Ratssitzung der EKiD es «für untragbar, daß ein politisch so hervortretendes Mitglied des Rates wie Niemöller weiterhin Leiter einer Dienststelle der EKiD»[180] sei.

Otto Dibelius behielt recht. 1955 entzog die Synode der Evangelischen Kirche ihrem Präses Heinemann, der inzwischen aus der CDU ausgetreten war und die Gesamtdeutsche Volkspartei mitbegründet hatte, das Vertrauen. Und ein Jahr später, 1956, wurde Niemöller als Leiter des Kirchlichen Außenamtes abgesetzt, auch wenn er einer Suspendierung durch seinen Rücktritt zuvorkam. Nachdem die Bundesrepublik in die (westliche) Völkergemeinschaft integriert war, meinte man auf Niemöller verzichten zu können. Das Gewissen der Nation mußte gehen.

Bisweilen hat es den Anschein, der Niemöller der Nachkriegsjahre sei, wenn man so will, ein Pastor mit Sympathien für die politische Linke gewesen, während der Niemöller der Dahlemer
Zeit mit der Rechten im Bunde gestanden habe. Solche Charakterisierungen erklären nur wenig. Als Gesinnungswandel wird
verstanden, was allein in der Konsequenz seines Kampfes für To-
leranz und Nächstenliebe, für Gerechtigkeit und Feindesliebe
begründet ist. Niemöllers entschlossenes Engagement in der
Deutschlandfrage und der Frage der Remilitarisierung nach 1945
liegt im Grunde auf derselben Linie wie sein mutiges Eintreten in
der Zeit des Kirchenkampfes. Der Unterschied betrifft allein den
Zeitpunkt seines Protestes. Im Kirchenkampf lernte er, über
Jahre hinweg in einem langen und schmerzhaften Prozeß zu wi-
dersprechen; nach 1945 protestierte er sofort, wenn er das Recht
oder die Menschenrechte in Gefahr sah. Niemöller hat nach dem
Krieg immer wieder sein Zögern und seine Unentschlossenheit in
den ersten Jahren des Nationalsozialismus beklagt und es als
große Schuld empfunden, nicht schon seit 1933 gegen die Unge-
rechtigkeit aufgestanden zu sein: *Ob Gott uns dann nicht beige-
standen hätte und ob dann nicht das Geschehen einen anderen Verlauf hätte nehmen müssen?* [181]

Niemöllers, aber auch Heinemanns und Gollwitzers Engagement gegen die Wiederbewaffnung wird häufig mit pazifistischen
Beweggründen erklärt. Das ist ein Irrtum. Noch Ende November
1952 sagte Niemöller bei einem Vortrag in Genf: *Sie erwarten an
diesem Abend von mir eine Erklärung darüber, weshalb ich mich
als Mann der Kirche seit über zwei Jahren mit lauter Stimme in meiner Heimat zu einer so hochpolitischen Frage, wie es die Wiederbewaffnung in Westdeutschland ist, geäußert habe. Vielleicht vermuten Sie dahinter eine grundsätzlich pazifistische Einstellung; aber
das wäre eine völlig irrige Vermutung.* [182] Und im September 1951
schrieb er an einen amerikanischen Professor: *Ich bin kein Pazifist aus Prinzip, aber praktisch bin ich es in der momentanen Situation.* [183] *In der momentanen Situation* – in der Sorge nämlich um
Preußens protestantischen Teil, um Ostdeutschland. Vor allem in
dem Mühen um die Einheit Deutschlands lag Niemöllers und seiner Mitstreiter ablehnende Haltung gegenüber einer Remilitarisierung Deutschlands begründet.

Bonn, 22. Februar 1957: Bischof Dibelius, Vorsitzender des Rates der EKiD (ganz links), und Bundeskanzler Adenauer (rechts) unterschreiben den Militärseelsorgevertrag zwischen der Bundesrepublik und der Evangelischen Kirche in Deutschland. Neben Adenauer der Verteidigungsminister Franz Josef Strauß; hinter Dibelius stehend Bischof Hermann Kunst.

Der alte Offizier hatte natürlich auch die Möglichkeit eines militärischen Eingreifens in der sowjetischen Besatzungszone durchdacht. Doch verwarf er in einem Vortrag am 15. November 1950 die «Fortführung der Politik mit anderen Mitteln» als zu riskant: *Wir können im Augenblick mit Gewalt nichts besser machen. Ja, wenn es so wäre, daß ich Aussicht hätte, wir könnten die Brüder im Osten heraushauen, weil es gar keine andere Möglichkeit gäbe, ich glaube, da ginge der alte Soldat wieder mit mir durch, oder nicht der alte Soldat, sondern die Liebe Christi für meine Brüder da drüben.*[184] Und am 3. Oktober 1950 schrieb er in einem Brief: *Ich zweifle aber nicht daran, daß solche Situationen eintreten könnten, wo man um der Liebe zu Christus, d. h. zu den Brüdern, willen auch in den Krieg willigen müßte.*[185]

Martin Niemöller war allerdings ein kompromißloser Gegner atomarer Vernichtungsmittel. Davon wird im nächsten Kapitel zu berichten sein.

Fragt man nach den Vorstellungen Niemöllers hinsichtlich des politischen Systems für das Deutschland der Nachkriegszeit, dann zeigt sich, daß er sich von der ersten Stunde seiner Freiheit an für eine Demokratie aussprach. Der einstige Kaisertreue und spätere Befürworter Hitlers sagte auf der Kirchenführerkonferenz in Treysa im August 1945: *Die Demokratie [...] hat nun einmal mehr mit dem Christentum zu tun als irgendeine autoritäre Form der Staatsführung, die das Recht und die Freiheit für den einzelnen verneint. Über diese Dinge haben wir uns klar zu werden und für unsere Reden als Kirche daraus die Folgerungen zu ziehen.*[186]

Niemöller schwebten basisdemokratische Elemente vor. An einer so wichtigen Frage wie beispielsweise der der Wiederbewaffnung wollte er die Bürger durch Volksabstimmung unmittelbar beteiligt wissen. Wie wichtig ihm die Meinung der Bürger war, wird auch daran sichtbar, daß er in der hessen-nassauischen Kirche darauf drängte, die autoritäre, episkopal-bischöfliche Verfassungsstruktur zugunsten einer presbyterial-synodalen Ordnung aufzugeben. Und er selbst nannte sich ja nicht Bischof, sondern Kirchenpräsident. Dabei wußte Niemöller freilich, daß auch eine Demokratie nicht auf mit Weisungsbefugnis ausgestattete Ämter verzichten kann. Wo Demokratisierung zur Handlungsunfähigkeit führt, ist sie der Demokratie schädlich.

Niemöllers Temperament ließ ihn häufig aus dem Reflex statt aus der Reflexion heraus sprechen und handeln. So tragen die folgenden Sätze Niemöllers über die Demokratie, ein Jahr vor seinem Tod gesprochen, denn auch eher impulsiv-nostalgischen als politischen Charakter: *Ich kann nur sagen, ich habe keine demokratischere Verwirklichung gesehen als meine U-Boot Besatzung. [...] Ach, im kritischen Augenblick natürlich, da gibt's keine Mitbestimmung. Aber sonst spricht man miteinander, auch über das, was man vorhat usw., und ob es vielleicht besser ist, bei dieser schönen Vollmondnacht sich auf diesem Kurs zu halten oder auf jenem Kurs, weil auf dem Kurs jemand kommen könnte, der einen im Mondlicht sieht oder der einem mit dem Blick gegen den Mond*

120

*verborgen bleibt. Solche Geschichten, die besprach man doch mit-
einander, mit seinem Bootsmannsmaaten, mit dem man auf der Wa-
che stand, oben auf dem Turm, oder dem Ausgucksposten usw. Das
waren alles Leute, die ihren wichtigen, verantwortungsvollen Posten
hatten, und daß die Leute in der Maschine auch funktionierten,
wenn man ihnen durchs Sprachrohr von der Brücke da was runter-
korkste, in die Zentrale rein, und von da gings weiter in den
Maschinenraum. Das war etwas, was für meine Begriffe eine ideale
Demokratie gewesen ist.*[187]

In theologischer Hinsicht baute Niemöller nach 1945 auf seinen
im Kirchenkampf gewonnenen Erfahrungen als Bekenntnispfarrer auf. Weil ihm die Perversion der nationalsozialistischen Obrigkeit deutlich vor Augen stand, griff für ihn eine naturrechtliche
Begründung des Staates ebensowenig wie die Lehre von der
Eigengesetzlichkeit der Welt. Vertrauen als Prinzip politischer
Ethik hatte er mit acht Jahren Konzentrationslager bezahlen müssen. Er verstand christliche Existenz als Mitwirkung am öffentlichen Leben in der Erwartung des Reiches Gottes, das schon jetzt
in die Welt hineinwirkt.

Niemöller sah in der Bergpredigt keine wirklichkeitsfremde
Utopie, sondern eine auch für die Politik richtungweisende Vor-
gabe. *Für den Christen als den Glaubenden ist das Gesetz des Gottesreiches, wie es etwa in Jesu Bergpredigt entfaltet wird, nicht eine
Utopie, [...] er vertritt mitten in dieser Welt, «mitten unter dem ver-
kehrten Geschlecht» (Phil. 2, 15) das bereits geltende Recht, die
«bessere Gerechtigkeit» (Matth. 5, 20) des Gottesreiches. – Damit
zieht er sich zwar die Feindschaft und den Haß der zu Tode getrof-
fenen Mächte zu; und er muß sich von ihnen als Narren oder auch
als Verbrecher schelten lassen; aber er weiß im Glauben bereits um
die Ohnmacht dieser «Mächte» und um den Sieg dessen, der den
neuen Himmel und die neue Erde schaffen wird, «in welchen Gerechtigkeit wohnt». [...] Damit stehen wir an der Stelle, wo der
Christ, jeder Christ, an dem Geschehen in der Welt, in der wir leben,
mitverantwortlich wird und wo er sich schlechterdings nicht als des-
interessiert erklären kann. Wo Menschenkinder Hunger oder Durst
leiden, wo sie Kleidung oder Obdach nötig haben, wo sie krank
oder gefangen sind, wo sie unter ihrer Last seufzen, schreien oder*

stumm verzweifeln, da ist der Christenmensch um seines Glaubens willen gefordert, und zwar ganz gefordert mit allem, was ihm an Kräften und an Möglichkeiten zu Gebote steht. Da kann er sich nicht mehr auf seine christliche Überzeugung oder auf sein gutes und mitfühlendes Herz hinausreden, und da hilft ihm kein «Herr, Herr sagen» (Matth. 7, 21) mehr. Da sind wir mit einem Schlage in der Praxis, ja mitten in der sogenannten «Politik», in der Staatspolitik, in der Wirtschaftspolitik, in der Sozialpolitik. Und nun ist

122

Weltkirchenkonferenz
in Neu-Delhi, 1961.
In der vorderen Reihe
(siebter von links) Martin
Niemöller, der zu einem der
sechs Präsidenten des Welt-
kirchenrats gewählt wurde.

*es nicht mehr genug, daß wir andere – etwa die zuständigen Stellen
– auf die menschliche Not, die vor unsern Augen aufgebrochen ist,
als auf ihre Verantwortung hinweisen; sondern jetzt haben wir selber Hand anzulegen und zwar ganz unmittelbar um Jesu Christi,
um unseres Glaubens willen.*[188]

Zwar wußte sich Niemöller mit diesem Verständnis in der Gemeinschaft namhafter Theologen, wie zum Beispiel Karl Barth
oder Helmut Gollwitzer. Aber seine Absetzung als Leiter des

123

Kirchlichen Außenamtes zeigt, daß die Mehrheit seiner Glaubensbrüder seinem theologischen Verständnis nicht zu folgen vermochte und andere, konträre Positionen zu politischen Fragen bezog.

Obwohl Martin Niemöller nach 1945 in seiner Arbeit eine Niederlage nach der nächsten einstecken mußte – die Teilung Deutschlands, die Wiederbewaffnung und der Militärseelsorgevertrag wurden Wirklichkeit –, blieb er seinem Weg treu. *Die Bundesrepublik von 1949 wird keine 50 Jahre halten*, prophezeite er 1976, ohne die Einheit Deutschlands noch selber zu erleben.[189] Und über die Zukunft der Landeskirchen wagte er 1945 die revolutionäre Prognose: *Ich persönlich halte die «Landeskirchen» ohnehin für abbruchreif. [...] Ich zweifle nicht, daß die völlig staatsfreie Kirche auch für Deutschland die Kirche der Zukunft sein wird, und sie wird an Lebendigkeit gewinnen, was sie an Einfluß zunächst wird abgeben müssen.*[190]

Es überrascht nicht, daß Niemöller an manchen Tagen die Einsamkeit desjenigen spürte, der, anstatt nach Kompromissen zu suchen, allein der Stimme seines Gewissens folgte. So sagte er 1961: *Ich denke heute an die Jahre zwischen 1949 und 1954 als an die dunkelsten Jahre meines Lebens zurück, dunkler selbst als die acht Jahre im Gefängnis und Konzentrationslager.*[191]

Gottes Gebot
im Atomzeitalter

Als sich am 6. Juni 1954 drei führende Männer der evangelischen
Kirche auf den Weg zum Hotel «Nassauer Hof» in Wiesbaden
machten, wußte keiner von ihnen, daß der Protestantismus in
Deutschland innerhalb der nächsten Jahre auf eine ethische
Zerreißprobe gestellt werden würde. Die drei Männer waren der
Ratsvorsitzende der Evangelischen Kirche in Deutschland und
Berliner Bischof Otto Dibelius, der Bonner Theologieprofessor
Helmut Gollwitzer und, als Initiator, der hessen-nassauische Kir-
chenpräsident Martin Niemöller. Die Theologen trafen mit drei
Naturwissenschaftlern zusammen, die gerade an einer Tagung der
Max-Planck-Gesellschaft teilnahmen. Es waren die Atomphysiker
Werner Heisenberg, Carl Friedrich von Weizsäcker und Otto Hahn.
Alle drei sollten im Jahr 1957 das «Göttinger Manifest» mit un-
terzeichnen, eine Erklärung von achtzehn Atomwissenschaftlern
gegen die militärische und zivile Verwendung der Atomkraft.

Martin Niemöller erinnerte sich später, das Gespräch habe sich
im wesentlichen zwischen Hahn und ihm abgespielt. *Dibelius war
sehr vorsichtig, ja nicht irgendwo einen Finger reinzustecken. [...]
Hahn sagte, «für die Wissenschaft ist es kein Problem mehr, einen
Apparat zu konstruieren, mit dem man alle Lebewesen auf der
Oberfläche dieses Globus verschwinden lassen kann oder sterben
lassen kann.» Und, na ja, darauf gab's ein großes Schweigen und
ich sagte, «um Gottes Willen, Herr Hahn, was wäre passiert, wenn
der Adolf Hitler so einen Apparat gehabt hätte?» Hahn antwortete
nicht, Weizsäcker guckte auf die Seite und Heisenberg sagte, «ach,
Herr Pastor oder Herr Präsident, oder was ich damals war, dann
brauchten wir uns heute darüber den Kopf nicht mehr zu zerbre-
chen.»*

Der Stadtkern von Hiroshima nach der Explosion der Atombombe
am 6. August 1945

Das war für mich dann der Punkt, ob Pazifismus das richtige wäre oder nicht das richtige wäre, oder einfach zwingend ist – damit bin ich Pazifist geworden und bin Pazifist geblieben und habe gesagt, wer heutzutage von Krieg redet, wo es, ich weiß nicht wie viele Staaten in der Welt gibt, die in der Lage sind, diesen Apparat zu machen und hochgehen zu lassen, da kann ich bloß sagen, Krieg ist also nicht bloß nach unserer christlichen Lehre, sondern ist überhaupt gegen alle Menschenwürde, die Verneinung aller Menschenwürde und absolut unmenschlich, die totale Absage an Gott und die totale Absage an den Menschen. Das geht nicht, dazu kann man bloß bedingungslos Nein sagen.[192]

Zwar hatte der Rat der Evangelischen Kirche in Deutschland im Monat vor dem Treffen im Hotel Nassauer Hof eine Erklärung abgegeben, in der er gegenüber der Entwicklung von Atomwaffen «schwere Sorge» äußerte. Aber eine ethische Klärung für das Verhalten der Evangelischen Kirche in dieser Frage war das Wort nicht. Um hier Klarheit zu erlangen, organisierte Niemöller das Treffen mit den Atomexperten, das die Theologen nachhaltig beeindruckte. Noch aus einer Rede, die Niemöller im Dezember 1958 hielt, wird deutlich, wieviel Wert er dem Urteil der Physiker beimaß: *Menschen haben immer Menschenleben vernichten können und haben es auch getan; eins haben sie nicht gekonnt, und das können sie seit 1954, nämlich: das Leben vernichten. [...] Von diesem Jahr hat Prof. Weizsäcker gesagt, daß es unsere Begriffe und unsere Konzeption grundlegend gewandelt hat. [...] Und seitdem Prof. Hahn in jenem Neujahrsartikel 1954//55 in der Frankfurter Allgemeinen Zeitung schrieb, daß man mit zehn Wasserstoffbomben mit Kobaltmantel alles animalische und menschliche Leben auf dem Globus zum Erliegen bringen könne, seit diesem Augenblick sieht die Welt anders aus als die letzten drei Millionen Jahre. Und deshalb geht es hier zunächst gar nicht um Krieg und Frieden. Die politische Frage läßt mich vollkommen kalt. Sondern die Frage heißt: [...] Haben wir Menschen eigentlich das Recht, Dinge zu tun und uns mit Dingen abzugeben, die dem Schöpfer das Zepter aus der Hand nehmen, indem sie das, was er geschaffen hat, vernichten, nämlich das Leben? Das ist eine religiöse, das ist eine dogmatische, das ist eine Frage der Verkündigung. – Ich bin seit 1954 theologisch etwas anderes, als was ich vorher war.*[193]

Niemöller, der 1954 zum Präsidenten der Deutschen Friedensgesellschaft gewählt worden war, argumentierte nicht vom Stand-
punkt eines grundsätzlichen Pazifismus. Schöpfungstheologische
Gründe waren es, die den Pastor zum prinzipiellen Gegner der
Atombombe machten. *Seit 1954 können Menschen das Leben auf
der Erdoberfläche umbringen. Das heißt, seit 1954 können die Menschen die Erde so machen, wie es in 1. Moses 1, Vers 1, geschrieben
steht: Und die Erde war wüst und leer.*[194] Für den preußischen Seeoffizier, der mit dem Pastor zeitlebens in Niemöller einherging,
hatte die *christliche Bombe*[195], wie er die von Wissenschaftlern des
christlichen Abendlandes entwickelte Atombombe verachtend
nannte, einen genuin unchristlichen Charakter.

Niemöller unterschied die Atombombe von der Gattung der
Waffen, weil er in ihr kein Mittel der Verteidigung, sondern allein
ein Mittel der Vernichtung allen Lebens sah: *Diese Waffe, diese
zehn Kobaltbomben, sind keine Waffen mehr. […] Das ist ja auch
kein Krieg mehr, sondern das ist ja nun wirklich Massenmord und
Massenselbstmord.*[196] Alle ethischen Überlegungen der Kirche,
einschließlich ihrer traditionellen «Lehre vom gerechten Krieg»,
sah Niemöller durch die Existenz der Atombombe überholt. *Die
kirchliche Lehre ist reine Theorie, und die Bücher, in denen sie dar-
geboten wird, sind nicht mal mehr wert aufgeschlagen zu werden.*[197]
In zahllosen Vorträgen formulierte Niemöller mit scharfen Worten seine christliche Überzeugung: *Ich halte die Existenz von nuklearen Zerstörungsmengen für eine unmittelbare Lästerung des
lebendigen Gottes.*[198]

Innerhalb der evangelischen Kirche und Theologie blieb diese
kompromißlose Haltung nicht ohne Widerspruch. Zwar fehlte es
Niemöller nicht an mutigen Mitstreitern. Der Ostberliner Theologe Heinrich Vogel etwa sah in der Produktion der Atombombe
einen «nihilistischen Akt»; sein westdeutscher Kollege Gollwitzer
nannte ihre Herstellung «praktischen Atheismus». Auch Karl
Barth und Gustav Heinemann stimmten dieser Position rückhalt-
los zu. Doch gab es auch andere Stimmen. Für den Theologen
Hans Asmussen, einst Niemöllers Mitstreiter während des Kirchenkampfes, war die Atombombe gottgewollt. Er nannte sie
«eine Strafrute in der Hand Gottes», «ein Zeichen vor dem kom-
menden jüngsten Tag». Die Vereinigte Evangelisch-Lutherische

Kirche glaubte gar, in ihr eine «Kraft der Schöpfung» Gottes zu erkennen. In Briefen, Erklärungen, Synodalbeschlüssen und Memoranden wurden theologisch-ethische Positionen dargelegt und die Meinungen Andersdenkender scharf kritisiert, bisweilen sogar als unchristlich verworfen.[199]

Die Auseinandersetzung betraf aber nicht nur die ethische Legitimität nuklearer Massenvernichtungsmittel, sondern sie mündete in der Frage nach dem Verhältnis der Kirche zur Politik. Während die einen eine christliche Pflicht zum Widerstand postulierten, erklärten die anderen den Bereich nuklearer Aufrüstung zu einem rein politischen Themenfeld, aus dem sich die Kirche herauszuhalten habe. Die Auffassung, Schweigen und Zusehen seien schuldhafte Billigung, stand der Warnung vor der Gefahr einer unrechtmäßigen Einmischung der Kirche in den politischen Bereich gegenüber. Die Auseinandersetzungen wurden auf so ernste Weise geführt, daß die Angst vor einer Kirchenspaltung die Evangelische Kirche an einer gemeinsamen Stellungnahme über die theologisch-ethische Beurteilung der Atombombe hinderte.

Martin Niemöller widersprach der atomaren Rüstungspolitik. Er gehörte dem Aktionsausschuß der außerparlamentarischen Aufklärungskampagne «Kampf dem Atomtod» an und nahm 1958 am ersten Ostermarsch in Aldermaston / England teil, nach dessen Verlauf er erklärte: *Diejenigen, die für die Herstellung, Lagerung und den Einsatz atomarer Massenvernichtungsmittel sind, handeln wissend oder unwissend als Materialisten, Nihilisten und Atheisten, auch wenn sie selbst sich aus politischen Gründen als Christen bezeichnen.*[200] Auf diese Sätze hin wurde ihm in einer bayerischen Kirche die Kanzel verweigert – aus Angst vor einer Politisierung der Gemeinde.

Wie entschieden Niemöller in die Diskussion eingriff, zeigte sich, als er im Januar 1959 in Kassel eine Rede hielt mit dem Titel *Denn sie wissen nicht was sie tun!* Darin sagte er: *Catch as catch can. Jedes Mittel, womit man seinen Gegner kleinkriegen kann, kann angewendet werden. Und darum ist heute die Ausbildung zum Soldaten [...] die Hohe Schule für Berufsverbrecher. Mütter und Väter sollen wissen, was sie tun, wenn sie ihren Sohn Soldat werden lassen. Sie lassen ihn zum Verbrecher ausbilden.*[201]

Bundesverteidigungsminister Franz Josef Strauß und mit ihm

Martin Niemöller bei einer Mahnwache in Dortmund, 1959

viele Wehrpflichtige stellten Strafantrag «wegen Beleidigung der Bundeswehr». Das Verfahren wurde jedoch eingestellt, da Niemöller, so die Staatsanwaltschaft, als Seelsorger und als Präsident der Deutschen Friedensgesellschaft das Recht habe, seiner Sorge Ausdruck zu verleihen. Bundespräsident Theodor Heuss, für gewöhnlich ein Mann zurückhaltender Worte, erklärte in einer Rede vor Bundeswehroffizieren: «Ihre Seele soll und muß frei sein, um mit gelassener Souveränität demagogischen Anwürfen – es hat eh und je in der Geschichte auch eine christlich eingekleidete Demagogie gegeben – zu begegnen, daß Ihr Tun, wenn es auch nicht unmittelbar als verbrecherisch angesprochen sein mag […], so doch Ihr Arbeiten als Wegweisung zum Verbrechertum deklariert wird. Ich will darüber nicht breiter sprechen, denn Geschmack und Gewissen würden mich zwingen, über diesen Vorgang der letzten Wochen sehr, sehr scharfe Worte zu gebrauchen.»[202]

Auch der hessischen Kirche gingen die Äußerungen ihres Kirchenpräsidenten zu weit. Niemöller blieb jedoch unbeirrt: *Wenn*

131

**So lebst Du
heute!**

**Das kann in
jedem Augenblick
geschehen!**

Aus einem von Niemöller herausgegebenen Flugblatt gegen
die Atomrüstung, um 1960

*ein Kirchenpräsident nicht tun darf, was sein Gewissen ihn als
Christ und Mitmenschen tun heißt, dann nehmen Sie den Kirchen-
präsidentenrock und stellen Sie ihn ins Museum; mich aber lassen
Sie tun, was ich für meine Pflicht halte.* Als eine Frage des glaubenden Gewissens war für ihn die Frage der nuklearen Rüstung
unverfügbar: *Daß Rücksicht auf die Institution Kirche die Predigt
zu beeinflussen hätte, die Verkündigung, das, wovon ich zu sagen
und zu verkündigen habe, das ist Wahrheit und das ist Lüge, nein,
liebe Brüder, das gibt es nicht!*[203]

132

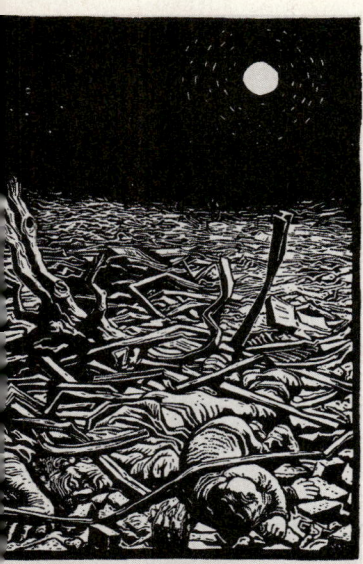

Dann aber wird unheimlicher Friede sein!

DENKE DARAN!

Niemöller engagierte sich bis zu seinem Tod in der Anti-Atom-Bewegung, sei es durch Mahnwachen oder durch die Teilnahme an Ostermärschen, durch Demonstrationen oder durch Initiativen. So gehörte er beispielsweise zu den Initiatoren des «Krefelder Appells» vom 16. November 1980, der durch eine Millionenzahl von Unterschriften den Protest gegen die Stationierung von nuklearen Mittelstreckenraketen und Marschflugkörpern in der Bundesrepublik zum Ausdruck brachte.

Vom Privatleben Martin Niemöllers läßt sich nur wenig berichten. Er war Pastor. Und Pastoren sind immer im Dienst. Nach seinem Arbeitstag im Darmstädter Landeskirchenamt folgte er abends für gewöhnlich Einladungen zu Vorträgen in den Kirchengemeinden. Wenn er zu Hause blieb, empfing er Freunde und Gesprächspartner aus Kirche, Politik und Gesellschaft oder machte sich daran, die viele Post, die ihn täglich erreichte, zu beantworten. Sonntags war er in der Regel im Land unterwegs, um zu predigen. Nicht selten übernahm er auch Trauungen oder Taufen.

Auf vielen Fotos ist Martin Niemöller, der mit seiner Familie in Wiesbaden wohnte, Zigarren rauchend abgebildet. Bis ins hohe Alter rauchte er gewöhnlich abends nach Tisch zwei bis drei Zigarren, am liebsten Havannas. Vor dem Schlafengehen notierte er häufig ihm wichtige Ereignisse oder Begegnungen in seinem Tagebuch. Darin ist beispielsweise zu lesen, daß er am 22. September

Niemöller beim Ostermarsch in Frankfurt a. M., 1967

1945, vier Monate nach seiner Befreiung, 61 Kilogramm wog und einen Blutdruck von 65 zu 100 hatte.[204] Am 20. April 1954 lautet die Eintragung: *35 Jahre verheiratet.*[205] Solche persönlichen Notizen sind aber die Ausnahme. Meist berichtet Martin Niemöller über seine Arbeit.

Der Kirchenpräsident war ein leidenschaftlicher Autofahrer. Dem «Spiegel» vertraute er einmal seinen Herzenswunsch an: *Der neue Porschewagen 356.*[206] Er selber behielt aber seinen grauen Volkswagen. Im August 1961 brach Martin Niemöller gemeinsam mit seiner Frau und der seit 1936 im Haus tätigen Wirtschafterin zu einer Urlaubsreise nach Dänemark auf, die ein tragisches Ende fand. Er verlor die Kontrolle über den Wagen und verunglückte. Else Niemöller und Dora Schulz kamen ums Leben. Er selbst wurde schwer verletzt.

Martin Niemöller wurde 1964 als Kirchenpräsident pensioniert. Er war zweiundsiebzig Jahre alt und hatte die hessen-nassauische Kirche seit 1947 geleitet. Die rege ökumenische Reisetätigkeit

134

behielt er bei und nannte nach wie vor die Welt seine Gemeinde. Noch im Jahr 1965 verbrachte er mehr als zweihundert Tage im Ausland. Seine Geschäftigkeit beschrieb er selber einmal mit den Worten, er *segele in der Weltgeschichte umher wie ein wildgewordener Strohsack*.[207]

1968, Niemöller hielt sich gerade in den Vereinigten Staaten auf, traf er in New York ein ehemaliges Glied aus der Dahlemer Gemeinde: Freifrau Sybille Augusta Sophia von Sell war die Tochter des Freiherrn Ulrich von Sell, Mitwisser des Hitler-Attentats vom 20. Juli 1944, der am 25. Juli 1944 verhaftet worden war und im Dezember 1945 in einem russischen Lager erfror. 1971 heiratete Martin Niemöller die preußische Adelige, deren Vater als kaiserlicher Schatullverwalter Wilhelm II. bis zu dessen Tod die Treue gehalten hatte. Sybille von Sell war fast dreißig Jahre jünger als er. Zufall oder kein Zufall – es paßt zu Martin Niemöller, daß er an seinem Lebensabend in Sybille von Sell eine Frau fand, die ihn noch einmal an seine Lebensadern zurückgeführt hat: Preußen und Dahlem.

Freifrau Sybille Augusta von Sell wurde 1971 Martin Niemöllers zweite Ehefrau

Rückblick auf ein
protestantisches Leben

Nicht die Kommandobrücke im Ersten Weltkrieg und nicht der Kirchenpräsidentenstuhl nach dem Zweiten Weltkrieg, sondern die Zeit als Gemeindepfarrer in Dahlem bildet den Kulminationspunkt im Leben Martin Niemöllers. Hier wurde er zum Bileam der Kirche, der umkehrte, weil er erkannte, daß vor dem Hintergrund der christlichen Botschaft nicht nationale und nicht völkische Interessen handlungsleitend sind, sondern umgekehrt diese aus der Predigt heraus erst bestimmt werden. Niemöller segnete nicht den Irrglauben der sich evangelisch nennenden Nationalsozialisten. Und genausowenig war er nach 1945 bereit, seinen Segen zur deutschen Teilung und zur Wiederbewaffnung zu geben.

Als Zeitgenosse, ja mehr noch als Beteiligter am politischen Weg Deutschlands aus der Monarchie in die Republik durch die wirren Weimarer Jahre und die ganz dunklen Jahre des Nationalsozialismus hindurch bleibt Martin Niemöllers Name mit dem 20. Jahrhundert verbunden. Er begleitete und prägte den Weg der evangelischen Kirche in diesem Jahrhundert; den Weg einer Kirche, die in eine Krise geriet und mühsam nach einem neuen Verhältnis zum Staat suchte, nachdem sie die Obhut des Kaisers verloren hatte. In politischer wie kirchlicher Hinsicht war er bis an sein Lebensende überzeugt davon und gelegentlich auch verbittert darüber, daß keine endgültigen Antworten gefunden worden waren: Mit der Errichtung zweier deutscher Teilstaaten hat er sich zeitlebens nicht abgefunden. Die Evangelische Kirche in Deutschland und ihre Gliedkirchen standen seiner Meinung nach den politischen Institutionen noch immer zu unkritisch gegenüber, bisweilen sah er sie in einer Abhängigkeit.

Martin Niemöller war ein unbeugsamer Mensch. Mit kompro-

Martin Niemöller spricht vor der Vollversammlung des Ökumenischen Rates der Kirche, Nairobi 1968

mißloser Standhaftigkeit und unerschütterlicher Beharrlichkeit blieb er dem von ihm als richtig erkannten Weg treu, auch wenn er mit persönlicher Benachteiligung oder, wie im «Dritten Reich», mit langjähriger Freiheitsberaubung verbunden war. Frank de Jonge von der Royal Foundation of St. Katherine in London beschrieb Niemöllers Charakter so: «Walter Freytag sagte einmal zu mir: ‹Es gibt zwei Männer in Martin Niemöller, den großen Propheten und den U-Boot-Kapitän, der die Wahrheit hinausschießt wie ein Torpedo. Wir wünschen manchmal, der letztere möchte schlafen gehen.› Aber er ist nicht schlafen gegangen, und die Wahrheit kommt immer noch zuerst mit Sprengstoff heraus. Wir seufzen; wir wünschen, er möchte es lassen. Wir denken, diesmal sei er zu weit gegangen. Und sechs Monate darauf sagen wir alle dasselbe – nein, nicht alle, aber viele von uns haben es als offensichtlich allgemeine Auffassung angenommen. Man fragt sich, ob das auf die Propheten, besonders Amos und Jeremia, zutraf. Ein Prophet ist immer ein Extremist, wenn er zuerst seinen Mund öffnet.» [208]

Niemöller hat, auch nachdem er in der Friedensbewegung aktiv war, seine militärische Vergangenheit im Ersten Weltkrieg nicht verleugnet. Im Gegenteil, häufig erzählte er mit dem stolzen Unterton eines erfolgreichen Kommandanten seine Kriegserlebnisse. Und es scheint, daß selbst für seine pazifistischen Kampfgefährten ein Martin Niemöller ohne seine Kriegsvergangenheit, ohne seine nationale Vergangenheit nur die Hälfte wert gewesen wäre. Man hat sie ihm verziehen, nicht zuletzt, weil er während der Zeit des Nationalsozialismus ihr eigenes Opfer geworden ist. Man hat sie ihm nachgesehen und auch zu entschuldigen versucht, obwohl er selbst zeitlebens zu seiner Passion stand. Es klingt widersprüchlich: Martin Niemöller hat unter jedem Transparent der Friedensbewegung gesprochen, aber er hat alle diese Reden unter der Bordflagge seines U-Bootes sitzend geschrieben.

Der Psychoanalytiker Fritz Riemann könnte Martin Niemöller vor Augen gehabt haben, als er über das Tierkreiszeichen des Steinbocks, in dem Niemöller geboren ist, schrieb: «Es ist etwas von einer unverwüstlichen Urkraft in diesem Zeichen, die vor keiner Schwierigkeit zurückschreckt, wenn es darum geht, eine Aufgabe zu bewältigen. Der Mensch braucht hier etwas, das ihn ganz

138

Martin Niemöller,
1971

fordert, Widerstände, in deren Überwindung er ungeahnte Kräfte entwickelt; sein zähes Durchhaltevermögen läßt ihn auch da nicht aufgeben, wo andere längst resignieren würden, und er wagt sich an Dinge, die viele gar nicht erst versuchen würden.»[209]

Martin Niemöllers Wirkung liegt weniger in theologisch-theoretischer Hinsicht. Er wollte ja das Rad der theologischen Wissenschaften nicht weiterdrehen. Aber er hat ein Beispiel dafür gegeben, daß theologische Existenz nicht in ein Nischendasein jenseits von Politik und Gesellschaft führen darf. Allerdings wird an Niemöllers Weg auch deutlich, wie schmal die Grenze zwischen einer politisch und gesellschaftlich wirksamen Theologie und einer als Theologie verkleideten Politik sein kann. *Wie leicht geschieht es, daß man Gottes Wort an der Zeit mißt, statt die Zeit an Gottes Wort zu messen!*[210] schrieb er 1938 in einem Brief aus dem Gefängnis Moabit.

Niemöller hat mit seinem Leben gezeigt, daß derjenige, der von der Kraft des Evangeliums ergriffen ist, denjenigen, die nur Politik treiben – einerlei ob Kirchen- oder Staatspolitik –, in hohem Maße unbequem ist. Freilich, auch ihm sind Fehler unterlaufen. Man denke etwa an sein antidemokratisches Denken in der Weimarer Republik. Aber nicht Fehlerlosigkeit kennzeichnet Charakterstärke, sondern die Fähigkeit, eigene Fehler zu erkennen, zuzugeben und zu überwinden.

Das Beispiel der kritischen Hinterfragung von Herrschaftsprinzipien macht das deutlich. Während des Ersten Weltkrieges hatte für ihn noch uneingeschränkt der Satz gegolten: *Wir hören [...] ein Kommando und sind verantwortlich dafür, daß es ausgeführt wird!*[211] Nach 1945 schränkte er diesen Satz aufgrund der Erfahrung, die er mit dem Mißbrauch von staatlicher, aber auch kirchlicher Herrschaftsbefugnis gemacht hatte, ein: *Ein Mensch, der einem Befehl folgt, mit dem er einem anderen etwas antut, der hat den Menschen schon verraten. Es gibt keine Berufung auf den Befehl als Entschuldigung. Jeder ist für das, was er tut, auch verantwortlich. Leistet überall und immer tapferen Widerstand, wo es um den Menschen geht!*[212] Die Entwicklung, die zwischen diesen beiden Sätzen liegt, läßt etwas von dem Weg sichtbar werden, den Martin Niemöller gegangen ist.

Martin Niemöller starb am 6. März 1984 im Alter von zweiundneunzig Jahren in Wiesbaden. Obwohl er seit dem Sommer des Vorjahres bettlägerig gewesen war und seine Kräfte immer mehr abgenommen hatten, blieb er von schweren Leiden verschont und war bis zuletzt von klarer geistiger Präsenz und ungetrübter Erinnerungskraft.[213]

Am 12. März wurde er in Wersen (Tecklenburger Land), dem Geburtsort seines Vaters und der Heimat seiner Vorfahren, beigesetzt. Martin Niemöller war in seinem Leben stets *stolz darauf gewesen, daß die Grafschaft Tecklenburg schon im Jahre 1709 preußisch geworden ist*[214]. Es war sein Letzter Wille, in preußischer Erde zu ruhen.

Anmerkungen

Die Reden Martin Niemöllers werden zitiert mit einem Kurztitel (Reden I–V); ausführlichere Angaben dazu in der Bibliographie.

1 Siehe Heinrich Niemöller: Reformationsgeschichte in Lippstadt, der ersten evangelischen Stadt Westfalens. Halle a. d. S. 1906 (Schriften des Vereins für Reformationsgeschichte Bd. 91)

2 So Martin Greiffenhagen in seiner Einleitung für: Das evangelische Pfarrhaus. Eine Kultur- und Sozialgeschichte. Stuttgart 1984, S. 13

3 Wilhelm Niemöller: Vater Niemöller. Ein Lebensbild. Bielefeld 1946, S. 45 f.

4 A. a. O., S. 44

5 Ebd.

6 Zitiert aus Martin Greiffenhagen: Das evangelische Pfarrhaus, S. 11

7 Vom U-Boot zur Kanzel. Berlin 1934, S. 208 f.

8 James Bentley: Martin Niemöller. Eine Biographie. München 1985, S. 11

9 «Reden des Kaisers» – Ansprachen, Predigten und Trinksprüche Wilhelms II. Hg. von Ernst Johann. München 1966, S. 57 f.

10 Sebastian Haffner: Von Bismarck zu Hitler. Ein Rückblick. München 1987, S. 83 ff.

11 Dietmar Schmidt: Martin Niemöller. Eine Biographie. 3. Aufl. Stuttgart 1983, S. 25 ff.

12 A. a. O., S. 28

13 Heinrich Niemöller: Aus goldener Jugendzeit. 4. Aufl. Bielefeld 1947, S. 27 f.

14 Was würde Jesus dazu sagen? Eine Reise durch ein protestantisches Leben. Ein Film-Bilder-Lesebuch von Hannes Karnick und Wolfgang Richter. Frankfurt a. M. 1986, S. 26

15 Vom U-Boot zur Kanzel, S. 209 f.

16 Der Briefwechsel ist abgedruckt in: Was würde Jesus dazu sagen?, S. 32 f.

17 Vom U-Boot zur Kanzel, S. 6

18 A. a. O., S. 102

19 A. a. O., S. 25 ff.

20 A. a. O., S. 85 f.

21 A. a. O., S. 26

22 A. a. O., S. 74

23 Ebd.

24 A. a. O., S. 70 f.

25 A. a. O., S. 99

26 A. a. O., S. 23

27 A. a. O., S. 57 f.

28 A. a. O., S. 59

29 A. a. O., S. 114 f.

30 A. a. O., S. 147

31 Was würde Jesus dazu sagen?, S. 16

32 Vom U-Boot zur Kanzel, S. 117

33 A. a. O., S. 133

34 A. a. O., S. 150

35 A. a. O., S. 145

36 A. a. O., S. 142
37 A. a. O., S. 159. Vgl. auch: Was
    würde Jesus dazu sagen?, S. 23
38 Vom U-Boot zur Kanzel, S. 210
39 A. a. O., S. 141 f.
40 A. a. O., S. 159 f.
41 A. a. O., S. 149
42 A. a. O., S. 150. Zum Begriff
    der «konservativen Revolution»
    vgl. Armin Mohler, Die Konser-
    vative Revolution in Deutschland
    1918–1932. Ein Handbuch.
    3. Aufl. Darmstadt 1989
43 A. a. O., S. 163
44 Zu Else Niemöller siehe Leonore
    Siegele-Wenschkewitz: Die Sache
    meines Mannes. In: Protestant –
    Das Jahrhundert des Pastors Mar-
    tin Niemöller. Katalog zur Aus-
    stellung zum 100. Geburtstag. Hg.
    von Hannes Karnick und Wolf-
    gang Richter. Frankfurt a. M.
    1992, S. 137–154
45 Eberhard Busch: Karl Barths Le-
    benslauf. Nach seinen Briefen
    und autobiographischen Texten.
    München 1978, S. 181
46 A. a. O., S. 182 f.
47 Briefe aus der Gefangenschaft:
    Konzentrationslager Sachsenhau-
    sen (Oranienburg). Hg. von Wil-
    helm Niemöller. Bielefeld 1979,
    S. 136
48 Dietmar Schmidt: Martin
    Niemöller, S. 69
49 Karl Barth: Barmen. In: Beken-
    nende Kirche. Martin Niemöller
    zum 60. Geburtstag. München
    1952, S. 9
50 Vom U-Boot zur Kanzel, S. 177
51 Ebd.
52 A. a. O., S. 181
53 A. a. O., S. 186
54 A. a. O., S. 190
55 A. a. O., S. 205
56 A. a. O., S. 150
57 A. a. O., S. 205
58 Undatierter Zeitungsartikel, ohne
    Ort, abgedruckt in: Protestant,
    S. 60
59 Vom U-Boot zur Kanzel, S. 189

60 A. a. O., S. 207
61 A. a. O., S. 196
62 Was würde Jesus dazu sagen?,
    S. 24
63 Jürgen Schmidt: Martin Niemöl-
    ler im Kirchenkampf. Hamburg
    1971, S. 27 f. Sybille Niemoeller
    von Sell: «Furchtbar einfach, wird
    gemacht!». Erinnerungen. Ber-
    lin/Frankfurt a. M. 1992, S. 187
64 Vom U-Boot zur Kanzel, S. 186
65 Zitat aus Jürgen Schmidt:
    Niemöller im Kirchenkampf, S. 41
66 Ebd.; vgl. auch Dietmar Schmidt,
    Martin Niemöller, S. 186
67 A. a. O., S. 455, Anm. 136 in bezug
    auf eine Zeugenaussage Ludwig
    Bartnings im Niemöller-Prozeß
    1938. Vgl. auch: Was würde Jesus
    dazu sagen?, S. 24
68 Arnold Dannenmann: Die Ge-
    schichte der Glaubensbewegung
    «Deutsche Christen». Dresden
    1933, S. 14
69 Schlußsatz des 1934 veröffentlich-
    ten Buches: Vom U-Boot zur
    Kanzel, S. 211
70 Kurt Dietrich: Die Bekenntnisse
    und grundsätzlichen Äußerungen
    zu Kirchenfragen des Jahres 1933.
    Göttingen 1934, S. 145 f.
71 Arnold Dannenmann: Die Ge-
    schichte der Glaubensbewegung
    «Deutsche Christen», S. 66
72 Jürgen Schmidt: Martin Niemöl-
    ler im Kirchenkampf, S. 107
73 Texte zur Geschichte des Pfarrer-
    notbundes. Hg. und mit einer Ein-
    führung versehen von Wilhelm
    Niemöller. Berlin 1958, S. 23
74 Das Telegramm ist u. a. abge-
    druckt in: «Junge Kirche»,
    Heft 16, 1933
75 Texte zur Geschichte des Pfarrer-
    notbundes, S. 64
76 A. a. O., S. 41
77 Karl Barth: Theologische Exi-
    stenz heute!, München 1933, S. 24
78 Dietrich Bonhoeffer: Gesam-
    melte Schriften, Bd. 2, München
    1965, S. 53

79 Sätze zur Arierfrage in der Kirche. In: «Junge Kirche» 1933, S. 269–271
80 Ebd.
81 Zitiert aus: Protestant, S. 81
82 Jürgen Schmidt: Niemöller im Kirchenkampf, S. 172
83 Ebd.
84 Ebd.
85 Ebd.
86 Jürgen Schmidt: Niemöller im Kirchenkampf, S. 173
87 Vgl. Texte zur Geschichte des Pfarrernotbundes, S. 48
88 Der Kampf um die Kirche (Zeugnisse der Bekennenden Kirche). Hg. von Erik Wolf. Tübingen 1946, S. 41 f.
89 Aus der 1. These der Barmer Theologischen Erklärung
90 Jürgen Schmidt: Martin Niemöller im Kirchenkampf, S. 308
91 Ebd.
92 Der Wortlaut der Protestschrift der Deutschen Evangelischen Kirche an Reichskanzler Hitler, Gedenkstätte deutscher Widerstand, Material 5/2
93 Ebd.
94 Werner Koch: Friedrich Weißler. Christlicher Blutzeuge des Rechts. In: Streitbare Juristen. Eine andere Tradition, Baden-Baden 1988, S. 330–341
95 Alles und in allen Christus! Fünfzehn Dahlemer Predigten. Berlin 1935, S. 6
96 A. a. O., S. 11
97 A. a. O., S. 10
98 Dietrich Bonhoeffer: Die Kirche vor der Judenfrage. In: Gesammelte Schriften, Bd. 2, S. 48
99 Protestant, S. 155
100 Dahlemer Predigten 1936/1937. Mit einem Vorwort von Thomas Mann. München 1981, S. 168
101 Wilhelm Niemöller: Macht geht vor Recht. Der Prozeß Martin Niemöllers. München 1952, S. 14 ff.
102 Dahlemer Predigten 1936/1937, S. 192
103 A. a. O., S. 28
104 A. a. O., S. 182
105 Briefe aus der Gefangenschaft: Moabit. Hg. von Wilhelm Niemöller. Frankfurt a. M. 1975, S. 333
106 A. a. O., S. 326
107 Brief vom 27. Oktober 1937; a. a. O., S. 70
108 Brief vom 17. November 1937, a. a. O., S. 109 und 283
109 Brief vom 28. Dezember 1937; a. a. O., S. 191
110 Dietmar Schmidt: Martin Niemöller, S. 135
111 Wilhelm Niemöller: Macht geht vor Recht, S. 42
112 Zitiert aus Jürgen Schmidt: Martin Niemöller, S. 439
113 Wilhelm Niemöller: Macht geht vor Recht, S. 82 f.
114 A. a. O., S. 83
115 Thomas Mann: 1941 in seinem Vorwort zu einer englischen Predigtausgabe Niemöllers, abgedruckt in: Dahlemer Predigten 1936/1937, S. 185
116 Hans Bernd Gisevius: Bis zum bitteren Ende. 75. Tsd. Zürich 1954, S. 305 f.
117 Thomas Mann, a. a. O., S. 187
118 Pastor Niemoeller und His Creed. London 1938
119 Valdo Vinay: Il pastore Niemoeller. In: «Gioventu cristiana» 16 (1938), S. 63 f.
120 Baril Miller: Martin Niemoeller. Hero of the Concentration Camp. Michigan 1938
121 A. a. O., S. 4. Der Originaltitel lautete «Here I Stand»
122 Briefe aus der Gefangenschaft: Konzentrationslager Sachsenhausen, S. 17
123 A. a. O., S. 11 und 18
124 Dietmar Schmidt: Martin Niemöller. Hamburg 1959, S. 148 f.
125 Der Bericht von Ernst Eggert ist abgedruckt in: Martin Niemöl-

ler. Briefe aus der Gefangenschaft: Konzentrationslager Sachsenhausen, S. 8 ff.

126 Wolfgang Gerlach: Vom Seeteufel zum Friedensengel. In: «Die Zeit», Nr. 3, 10. Januar 1992, S. 34

127 Im Vorwort zu Wilhelm Niemöller: Vater Niemöller, S. 3 f.

128 Thomas Mann, a. a. O., S. 190

129 Briefe aus der Gefangenschaft: Konzentrationslager Sachsenhausen, S. 85

130 A. a. O., S. 142, 151 und 156

131 A. a. O., S. 151; vgl. S. 146

132 «...zu verkündigen ein gnädiges Jahr des Herrn!» Sechs Dachauer Predigten. München 1946, S. 3

133 Reden IV, S. 222

134 Zitiert aus Dietmar Schmidt: Der unruhige Lebensweg des Pastors Martin Niemöller. In: Martin Niemöller. Festschrift zum 90. Geburtstag. Hg. von Heinz Kloppenburg u. a. Köln 1982, S. 30

135 Ein Lesebuch. Hg. von Hans Joachim Oeffler u. a. Köln 1987, S. 116

136 Die Erneuerung unserer Kirche. München 1946, S. 7

137 Reden I, S. 13

138 Halfdan Högsbro: Ökumene in Deutschland. In: Bekennende Kirche. Martin Niemöller zum 60. Geburtstag. München 1951, S. 273

139 Reden I, S. 12

140 A. a. O., S. 19 f.

141 Die Erneuerung unserer Kirche, S. 8 f.

142 Zitiert aus Dietmar Schmidt: Martin Niemöller, S. 186

143 Zitiert aus: Ein Lesebuch, S. 123 f.

144 Wolfgang Gerlach: Vom Seeteufel zum Friedensengel, S. 34

145 Reden IV, S. 220

146 Reden I, S. 16 f.

147 Reden I, S. 33

148 Reden IV, S. 134 f.

149 Zitiert aus James Bentley: Martin Niemöller. Eine Biographie. München 1985, S. 241

150 Zitiert aus: Der Protestant, S. 208

151 Zitiert aus James Bentley: Martin Niemöller, S. 239

152 Ein Lesebuch, S. 144 f.

153 Zitiert aus: Der Protestant, S. 208

154 Jan Niemöller: Erkundungen gegen den Strom. 1952: Martin Niemöller reist nach Moskau. Eine Dokumentation. Stuttgart 1988, S. 33 f.

155 Ebd.

156 Ebd.

157 A. a. O., S. 29

158 A. a. O., S. 108 f.

159 Vgl.: Was würde Jesus dazu sagen?, S. 154–157

160 Zitiert aus Franz Beyer: Menschen warten. Aus dem politischen Wirken Martin Niemöllers seit 1945. Siegen 1952, S. 124 f.

161 Ein Lesebuch, S. 156 f.

162 Was würde Jesus dazu sagen?, S. 92

163 «New York Herald Tribune» vom 14. 12. 1949, abgedruckt in: Der Protestant, S. 247

164 Reden I, S. 299

165 Zitiert aus: Ein Lesebuch, S. 155

166 Reden I, S. 299

167 A. a. O., S. 170

168 In einem Vortrag am 15. November 1950 in Wiesbaden; zitiert aus Franz Beyer: Menschen warten, S. 125

169 Reden III, S. 239

170 Herbert Wehner: Christentum und demokratischer Sozialismus. Beiträge zu einer unbequemen Partnerschaft. Hg. von Rüdiger Reitz. Freiburg 1985, S. 39 f.

171 Zitiert aus Franz Beyer: Menschen warten, S. 167

172 A. a. O., S. 160 f.

173 A. a. O., S. 148

174 Zitiert nach Karl Herbert: Kirche zwischen Aufbruch und Tradition. Entscheidungsjahre nach 1945. Stuttgart 1989, S. 179 f.
175 Zitiert aus: «Der Spiegel» vom 17. Januar 1951, S. 10
176 Zitiert aus Karl Herbert: Kirche zwischen Aufbruch und Tradition, S. 185 f.
177 Franz Beyer: Menschen warten, S. 140 f.
178 Zitiert aus Herbert Mochalski (Hg.): Der Mann in der Brandung. Ein Bildbuch über Martin Niemöller. Frankfurt a. M. 1962, S. 53
179 Der Brief ist abgedruckt bei Hans Prolingheuer: Kleine politische Kirchengeschichte. 50 Jahre evangelischer Kirchenkampf von 1919 bis 1969. 2. Aufl. Köln 1985, S. 128 f.
180 Zitiert aus: Der Protestant, S. 215
181 Reden I, S. 47 f.
182 Reden I, S. 226
183 Zitiert aus Franz Beyer: Menschen warten, S. 134
184 Ebd.
185 Zitiert aus a. a. O., S. 133
186 Reden I, S. 15
187 Was würde Jesus dazu sagen?, S. 114
188 Reden I, S. 222 ff.
189 Reden V, S. 259
190 Reden I, S. 59
191 Zitiert aus Martin Lotz: Evangelische Kirche 1945–1952. Die Deutschlandfrage. Tendenzen und Positionen. Stuttgart 1992, S. 49
192 Was würde Jesus dazu sagen?, S. 117 f.
193 Zitiert aus der Rede: Gottes Gebot im Atomzeitalter. In: Atomwaffen und Ethik. Der deutsche Protestantismus und die atomare Aufrüstung 1954–1961. Dokumente und Kommentare. Hg. von Christian Walther, München 1981, S. 99
194 Reden III, S. 76 f.
195 Reden III, S. 237 ff.
196 Reden III, S. 80
197 Reden III, S. 74
198 Martin Niemöller. Festschrift zum 90. Geburtstag, S. 41
199 Zur Diskussion siehe: Atomwaffen und Ethik. Der deutsche Protestantismus und die atomare Aufrüstung 1954–1961. Dokumente und Kommentare. Hg. von Christian Walther, München 1981
200 Zitiert aus James Bentley: Martin Niemöller, S. 264
201 Reden III, S. 73 f.
202 Theodor Heuss: Soldatentum in unserer Zeit. Tübingen 1959, S. 16
203 Gottes Gebot im Atomzeitalter. In: Atomwaffen und Ethik, S. 100
204 Die Frau eines bedeutenden Mannes: Else Niemöller zum 100. Geburtstag. Katalog zur Ausstellung des Zentralarchivs der Evangelischen Kirche in Hessen und Nassau. Bearbeitet von Edita Sterik. Darmstadt 1990, S. 133
205 A. a. O., S. 140
206 «Der Spiegel» vom 17. Januar 1951, S. 10
207 «Der Spiegel» vom 17. Januar 1951, S. 10
208 Herbert Mochalski (Hg.): Der Mann in der Brandung, S. 103
209 Fritz Riemann: Lebenshilfe Astrologie. Gedanken und Erfahrungen. 13. Aufl. München 1992, S. 133 f.
210 Brief vom 8. 1. 38, Briefe aus der Gefangenschaft: Moabit, S. 212
211 Vom U-Boot zur Kanzel, S. 114 f.
212 Der Mann in der Brandung, S. 85
213 Siehe Helmut Gollwitzer: Martin Niemöller. In: «Junge Kirche» 45 (1984), S. 141
214 Was würde Jesus dazu sagen?, S. 16

Zeittafel

1892	Martin Niemöller wird am 14. Januar als zweites von sechs Geschwistern in Lippstadt/Westfalen geboren
1900	Umzug der Familie nach Elberfeld, wo der Vater Pfarrer der lutherischen Gemeinde wird
1910	Niemöller wird Seekadett der Kaiserlichen Marine
seit 1916	U-Boot-Offizier im Ersten Weltkrieg; im letzten Kriegsjahr U-Boot-Kommandant
1919	Ostern: Heirat mit Else Bremer Mai–Oktober: Knecht auf Wieligmanns Hof
1919–1923	Theologiestudium in Münster
1920	Kommandant eines Bataillons der Akademischen Wehr Münster gegen den Ruhraufstand
1923	Vikariat in Münster
1923–1931	Geschäftsführer der Inneren Mission Westfalen in Münster
1924	29. Juni: Ordination
1927	Mitbegründer der Evangelischen Darlehns-Genossenschaft
1929	Als einer von sieben Protestanten im Stadtrat von Münster
1931	Niemöller wird am 1. Juli Gemeindepfarrer in Berlin-Dahlem. Herbst: Rundfunkansprache *Wo ist der Führer?*
1933	11. September: Mitbegründer des «Pfarrernotbundes», dessen Vorsitzender Niemöller wird. 15. Oktober: Mitunterzeichner der Glückwunschadresse an Hitler anläßlich des Austritts aus dem Völkerbund
1934	Auf der 1. Reichsbekenntnissynode in Barmen wird Niemöller in den Reichsbruderrat und auf der 2. Reichsbekenntnissynode in Dahlem in den Rat der Bekennenden Kirche berufen. 25. Januar: Empfang der Kirchenführer in der Reichskanzlei. Herbst: *Vom U-Boot zur Kanzel* erscheint
1936	Mitunterzeichner der Protestschrift der Deutschen Evangelischen Kirche an Hitler vom 4. Juni
1937	1. Juli: Verhaftung und Überführung ins Untersuchungsgefängnis Moabit.
1938	2. März: Urteilsspruch und Freilassung; am selben Tag Verschleppung als «persönlicher Gefangener» Hitlers ins Konzentrationslager Sachsenhausen

146

1941	Am 11. Juli Überführung ins Konzentrationslager Dachau
1945	Ende April/Anfang Mai wird Niemöller durch deutsches Militär und US-Truppen befreit und kehrt Mitte Juni zu seiner Familie zurück. 27. – 31. August: Kirchenführerkonferenz in Treysa; Niemöller wird Stellvertretender Ratsvorsitzender und Leiter des Kirchlichen Außenamtes. 19. Oktober: Mitunterzeichner des «Stuttgarter Schuldbekenntnisses»
1946	Beginn der Reisetätigkeit, die ihn in den folgenden Jahren unter anderem in die USA, Schweiz, nach Skandinavien, England, Irland, Frankreich, Australien, Neuseeland, Indien, Südamerika, in die Niederlande, die ČSSR, nach Polen, Ungarn und Jugoslawien, Griechenland, Südafrika, Kenia, Nord- und Südvietnam führt. Zahlreiche Reisen in die DDR
1947–1964	Kirchenpräsident der Evangelischen Kirche in Hessen und Nassau. 8. August: Mitunterzeichner des «Darmstädter Wortes»
1949	Die Synode der EKiD wählt Niemöller nicht (wieder) zum Stellvertreter des Ratsvorsitzenden
1950	Niemöller spricht sich am 4. Oktober in einem offenen Brief an den Bundeskanzler gegen die Wiederbewaffnung der Bundesrepublik aus
1952	2. – 9. Januar: erste Moskaureise
1954	Präsident der Deutschen Friedensgesellschaft. 6. Juni: Gespräch mit den drei Atomphysikern Otto Hahn, Werner Heisenberg und Carl Friedrich von Weizsäcker über die Gefahren ziviler und militärischer Nutzung der Kernenergie
1955	Ausscheiden aus dem Rat der EKiD
1956	Absetzung als Leiter des Kirchlichen Außenamtes
1958	Teilnahme am ersten Ostermarsch in Aldermaston/England
1959	25. Januar: Kasseler Rede
1961	7. August: Autounfall in Dänemark, bei dem seine Frau tödlich verletzt wird
1961–1968	Wahl zu einem der sechs Präsidenten auf der Vollversammlung des Ökumenischen Rates der Kirchen in Neu-Delhi
1963	Ehrenmitglied der Poncas-Indianer
1967	Ehrenpräsident des Weltfriedensrates und Verleihung des Lenin-Friedenspreises
1970	Bundesverdienstkreuz
1971	Heirat mit Sybille Donaldson, geb. Freiin von Sell
1976	Ehrenpräsident der Deutschen Friedensgesellschaft
1977	Friedensmedaille der DDR. Gründung der Martin Niemöller-Stiftung in Wiesbaden
1983	Niemöller resümiert sein Leben bei Aufnahmen und Interviews zum Film «Was würde Jesus dazu sagen?». Verleihung der Carl von Ossietzky-Medaille
1984	Martin Niemöller stirbt am 6. März in Wiesbaden und wird am 12. März in Wersen/Tecklenburger Land beerdigt

Niemöller war vielfacher Ehrendoktor von Universitäten in der ganzen Welt.

Zeugnisse

Martin Niemöller
Wär' ich besonnen, hieß' ich nicht der Tell.
1951, zitiert nach: Franz Beyer, Menschen warten, S. 34

Wilhelm II.
Sehr gut!
1918 als Reaktion auf die Versenkung von drei gegnerischen Dampfern durch den U-Boot-Kommandanten Niemöller, zitiert nach: Protestant, S. 35

Karl Barth
«Kirchenkampf» hieß und heißt exemplarisch: Pfarrer Niemöller in der Gemeinde Dahlem.
1951, zitiert nach: Bekennende Kirche, S. 11

Thomas Mann
Warum mußte der tapfere Bekenner Gottes und der Freiheit des Christenmenschen im Konzentrationslager verschwinden? Weil das Hitler-Regime nur den einen Zweck und das eine Ziel hatte, das deutsche Volk mit allen Mitteln und auf alle Weise für den totalen Krieg in Form zu bringen, und weil es darin nicht gestört werden wollte. Dieser Geistliche aber störte es, er störte es wirksam darin.
1941, zitiert nach: Dahlemer Predigten, München 1981, S. 188

Helmut Thielicke
Vielleicht ist die Stunde, in der Martin Niemöller einmal zum Führer seiner Kirche verordnet war, tatsächlich vorüber.
1949, zitiert nach: Ein Lesebuch, S. 155

Philip Potter
Martin Niemöller hat gezeigt, daß christliches Zeugnis nicht darin besteht, lediglich kollektive Erklärungen zu laufenden Fragen abzugeben, sondern aufgrund dieser Erklärungen persönlich zu handeln – das ist der Weg wahrer «martyria», wahren Märtyrertums. Er hat uns gelehrt, daß allgemeine und höfliche Proteste dazu neigen, unwirksam und ein wenig lächerlich zu sein.
1950, aus: Der Mann in der Brandung, S. 101

148

Halfdan Högsbro
Das Vertrauen und die Achtung, mit der man seit dem Kirchenkampf und seiner KZ-Zeit Niemöller im Ausland begegnete, überwand alle Ressentiments,
die man in den Jahren nach dem Kriege sonst gegen Deutsche haben konnte.
1951, zitiert nach: Bekennende Kirche, S. 278

Otto Dibelius
Alle Unternehmungen Niemöllers haben eine erstaunliche Spaltungskraft.
Was immer er tut, die eine Seite wird leidenschaftlich zustimmen, während die
andere Seite ebenso leidenschaftlich ablehnen wird.
1952, zitiert nach: Protestant, S. 230

Franz Josef Strauß
In allen vernünftigen Kreisen Deutschlands setzt sich die Ansicht durch, daß
es keinen Sinn hat, sich mit Herrn Niemöller auseinanderzusetzen, weil er
nicht mehr ernst genommen werden kann.
«Badische Neueste Nachrichten», 31. Dezember 1964

Herbert Mochalski
Martin Niemöller ist kein «politischer» Mensch und wollte nie ein «Politiker»
sein. In die Politik ist er als ein Zeuge seines Herrn geraten, als Zeuge, dem es
um die Nachfolge Jesu, dem es um den Gehorsam gegenüber der Botschaft
Jesu geht.
1982, aus: Martin Niemöller. Festschrift zum 90. Geburtstag, S. 7

Ostermarsch, 1984

Helmut Gollwitzer
Er war uns weit voraus in seiner Vision einer Kirche von morgen, für die das Christentum der bisherigen Kirchengeschichte kaum mehr als eine trübe Vorgeschichte ist. Ein Jünger Jesu war er, und nichts anderes wollte er sein.

«Junge Kirche», 1984

Kurt Scharf
Mit Martin Niemöller – und ihm nach – hat der Protestantismus in Deutschland nach 1945 sein politisches Mandat wahrgenommen, im Protest gegen Entnazifizierungsmethoden der Besatzungsmächte, die zu Verlogenheit verführten, gegen die Ideologie des Kalten Krieges und des Antikommunismus, gegen totalitäre Regierungsformen im Ostblock und den Mammondienst der Wirtschaft in den Staaten der westlichen Welt, gegen Rassismus und Fremdenfeindlichkeit in der Bevölkerung, aber auch gegen Rassismus und Fremdenfeindlichkeit in staatlichen Maßnahmen und Gesetzen, gegen politische und menschliche Abgrenzung und Ausgrenzung jeder Art, gegen die Ausbeutung der Dritten Welt, vor allem gegen Hochrüstung, Wettrüsten, internationalen Waffenhandel und gegen ein dies alles rechtfertigendes Sicherheitsdenken.

1990, aus: Protestanten in der Demokratie, S. 201

Walter Jens
Welch ein Weg! Welch ein Leben! Die Reichskriegsflagge am Anfang, und am Ende die Fackel bei der Mahnwache für den Frieden; zuerst das Hohelied alles Soldatischen, und später die Verteidigung der Sanftmütigen und Barmherzigen; die Verneigung vor Kaiser Wilhelm II., der seinem Offizier gewogen blieb, und, Jahrzehnte danach, die gemeinsame Arbeit mit Gandhi und Albert Schweitzer.

«Blätter für deutsche und internationale Politik», Heft 2 / 1992

Wolfgang Gerlach
Protestleute von Niemöllers Geblüt sind wohl zu kompromißlos, um dem Konsensbedürfnis einer Volkskirche zu genügen. Doch eine Kirche, die solche Originale nicht mehr hervorbringt oder erträgt, wäre enger und ärmer.

«Die Zeit», 10. Januar 1992

Jürgen Schmude
Daß viele Kirchenleute in der nationalsozialistischen Zeit schuldig geworden sind, darf nicht geleugnet werden – und ist heute doch nicht unbefangen auszusprechen; wir klagen andere damit an, in deren gefährlicher Zeit wir uns nicht zu bewähren hatten. Martin Niemöller hat sich damals bewährt und dann nach 1945 an kirchliche Schuld und Pflichtverletzung erinnert. So hat er der von der damaligen Mehrheit verdrängten Wahrheit einen Weg offengehalten.

1997

Ausführliche Angaben zu den mit Kurztiteln zitierten Publikationen sind in der nachfolgenden Bibliographie zu finden.

Bibliographie

1. Bibliographien

Veröffentlichungen Martin Niemöllers 1925–1937. In: Jürgen Schmidt: Martin Niemöller im Kirchenkampf. Hamburg 1971, S. 526–528

Predigten 1945–1976. In: Reden, Predigten, Denkanstöße 1964–1976 (Reden V). Hg. von Hans Joachim Oeffler. Köln 1977, S. 276–284

Ennemann, Heinz: Martin Niemöller Bibliographie, 1. Teil – Primärliteratur, 2. Teil – Sekundärliteratur (in Auswahl). In: Festschrift der Martin Niemöller Schule. Wiesbaden 1987, S. 37–53

2. Werke

a) Autobiographie

Vom U-Boot zur Kanzel. Berlin (Warneck) 1934

b) Predigten

Alles und in allen Christus! Fünfzehn Dahlemer Predigten. Berlin (Warneck) 1935

…daß wir an Ihm bleiben! Sechzehn Dahlemer Predigten. Berlin (Warneck) 1935

Dennoch getrost. Die letzten 28 Predigten des Pfarrers Martin Niemöller, vor seiner Verhaftung gehalten in den Jahren 1936 und 1937 in Berlin Dahlem. Zürich (Zollikon) 1939 (1946 erschienen als: Herr ist Jesus Christus. Gütersloh [Rufer]. 1981 erschienen als: Dahlemer Predigten 1936/1937. Mit einem Vorwort von Thomas Mann. München [Kaiser])

«…zu verkündigen ein gnädiges Jahr des Herrn!» Sechs Dachauer Predigten. München (Kaiser) 1946

Ach Gott vom Himmel sieh darein. Sechs Predigten. München (Kaiser) 1946

Die Aufgaben der Evangelischen Kirche in der Gegenwart. Düsseldorf (Vier-Falken) 1946

Die Erneuerung unserer Kirche. München (Neubau) 1946

Die Osterbotschaft und unsere Lebensangst. In: Wilhelm Herbst (Hg.): Das Zeugnis der Kirche in der Gegenwart. Ein Jahrgang Predigten. Nürnberg 1952, S. 179–183

Sechzehn Predigten von Martin Niemöller. Frankfurt a. M. (Stimme) 1962

c) Reden

1945–1954 (Reden I). Darmstadt (Stimme) 1958
1955–1957 (Reden II). Darmstadt (Stimme) 1957
1958–1961 (Reden III). Frankfurt a. M. (Stimme) 1961
1961–1963 (Reden IV). Eine Welt oder keine Welt. Frankfurt a. M. (Stimme) 1964
1964–1976 (Reden V). Reden, Predigten, Denkanstöße. Hg. von Hans Joachim Oeffler. Köln (Pahl-Rugenstein) 1977
Ein Lesebuch. Hg. von Hans Joachim Oeffler u. a. Köln (Pahl-Rugenstein) 1987

d) Aufsätze

Sätze zur Arierfrage in der Kirche. In: «Junge Kirche» 1933, S. 269–271
Gottes Gebot im Atomzeitalter. In: Atomwaffen und Ethik. Der deutsche Protestantismus und die atomare Aufrüstung 1954–1961. Dokumente und Kommentare. Hg. von Christian Walther. München 1981, S. 98–102

e) Geleitworte

Vater Niemöller. Ein Lebensbild von Wilhelm Niemöller. Bielefeld (Bechauf) 1946, S. 3–4

3. Briefe

Briefe aus der Gefangenschaft: Moabit. Hg. von Wilhelm Niemöller. Frankfurt a. M. (Lembeck) 1975
Briefe aus der Gefangenschaft: Konzentrationslager Sachsenhausen (Oranienburg). Hg. von Wilhelm Niemöller. Bielefeld (Bechauf) 1979

4. Lebenszeugnisse und Würdigungen

Dörger, Hans Joachim: Vor Vätern werden Söhne stumm. In: «Deutsches Allgemeines Sonntagsblatt», Nr. 3, 17. Januar 1982, S. 13
Gerlach, Wolfgang: Vom Seeteufel zum Friedensengel. In: «Die Zeit», Nr. 3, 10. Januar 1992, S. 33–34
Gollwitzer, Helmut: Martin Niemöller. In: «Junge Kirche» 45 (1984), S. 141 bis 144
Greschat, Martin: Martin Niemöller. Repräsentant des deutschen Protestantismus im 20. Jahrhundert. In: Glauben und glaubwürdig handeln. Studientag und Festakt aus Anlaß des 100. Geburtstages am 14. Januar 1992. Hg. vom Diakonischen Werk der Evangelischen Kirche von Westfalen. Münster 1992, S. 11–27
Herbert, Karl: Vom Leiden an der Kirche. Zum Tode Martin Niemöllers. In: «Lutherische Monatshefte» 23 (1984), S. 147–149

Hild, Helmut: Martin Niemöller, der Prediger. In: «Weltweite Hilfe» – Zeitschrift des Diakonischen Werkes in Hessen und Nassau. Sonderteil I/1992

Jens, Walter: Ein Prophet des Friedens. Martin Niemöller zum 100. Geburtstag. In: «Blätter für deutsche und internationale Politik» 2/1992, S. 160–170

Kreck, Walter: Ansporn – Warnung – Mahnung. Martin Niemöller zum 90. Geburtstag. In: «Deutsche Volkszeitung», Nr. 2, 14. Januar 1982, S. 8

Mann, Thomas: Niemöller. In: Martin Niemöller. Dahlemer Predigten 1936/1937. München 1981, S. 185–191

Miller, Baril: Martin Niemoeller. Hero of the Concentration Camp. Michigan 1938

Nicolaisen, Carsten: Martin Niemöller. In: Theologische Realenzyklopädie (TRE) Bd. 24, 1994, S. 502–506

Martin Niemöller und sein Bekenntnis. Hg. vom Schweizerischen Evangelischen Hilfswerk für die Bekennende Kirche in Deutschland. Zürich 1938 (8. Aufl. 1939, engl. Übersetzung London 1939)

Niemöller, Heinrich: Aus goldener Jugendzeit. 2. Aufl. Elberfeld 1937

Niemöller, Wilhelm: Aus vorigen Tagen. Bielefeld 1959

Niemoeller-von Sell, Sybille: «Furchtbar einfach, wird gemacht!». Erinnerungen. Berlin und Frankfurt a. M. 1992

Noormann, H.: Martin Niemöller. In: Hermes Handlexikon: Die Friedensbewegung. Hg. von Helmut Donat u. Karl Holl. Düsseldorf 1983, S. 283–284

Scharf, Kurt: Martin Niemöller. In: Protestanten in der Demokratie. Positionen und Profile im Nachkriegsdeutschland. Hg. von Wolfgang Huber. München 1990, S. 193–204

Schlenker, Walter: Der ausgesperrte Niemöller. Erinnerungen und Erfahrungen eines württembergischen Bruderschaftlers. In: «Junge Kirche» 43 (1982), S. 78–81

Schmidt, Dietmar: Der unruhige Lebensweg des Pastors Martin Niemöller. In: Martin Niemöller. Festschrift zum 90. Geburtstag. Hg. von Heinz Kloppenburg u. a. Köln 1982, S. 14–42

Stöhr, Martin: Widerstand, wo es um den Menschen geht. Laudatio auf Martin Niemöller aus Anlaß der Verleihung der Carl von Ossietzky-Medaille am 8. Mai 1983 in der Universität Oldenburg. In: «Junge Kirche» 45 (1984), S. 145–149

Vinay, Valdo: Il pastore Niemoeller. In: «Gioventu cristiana» 16 (1938), S. 63–64

5. Gesamtdarstellungen

Bentley, James: Martin Niemöller. Eine Biographie. München 1985

Ordnung, C.: Martin Niemöller. (Ost-)Berlin 1967

Schmidt, Dietmar: Martin Niemöller. Eine Biographie. Hamburg 1959 (erw. Neuausgabe Stuttgart 1983)

6. Festschriften

Bekennende Kirche. Martin Niemöller zum 60. Geburtstag. München 1952

Bis an das Ende der Erde. Ökumenische Beiträge. Zum 70. Geburtstag von Martin Niemöller. Hg. von Hanfried Krüger. München 1962

Christliche Freiheit im Dienst am Menschen. Ein Themenabend zum 80. Geburtstag von Martin Niemöller. Hg. von Karl Herbert u. a. Frankfurt a. M. 1972

Martin Niemöller. Festschrift zum 90. Geburtstag. Hg. von Heinz Kloppenburg, Eugen Kogon u. a. Köln 1982

7. Untersuchungen

Beyer, Franz: Menschen warten. Aus dem politischen Wirken Martin Niemöllers seit 1945. Siegen 1952

Conway, John S.: The Political Theology of Martin Niemöller. In: «German Studies Review» 9 (1986), S. 529–546

Niemöller, Jan: Erkundung gegen den Strom. 1952: Martin Niemöller reist nach Moskau. Eine Dokumentation. Stuttgart 1988

Niemöller, Wilhelm: Macht geht vor Recht. Der Prozeß Martin Niemöllers. München 1952

Schmidt, Jürgen: Martin Niemöller im Kirchenkampf. Hamburg 1971

8. Bildbände und Ausstellungskataloge

Die Frau eines bedeutenden Mannes: Else Niemöller zum 100. Geburtstag. Katalog zur Ausstellung des Zentralarchivs der Evangelischen Kirche in Hessen und Nassau. Bearbeitet von Edita Sterik. Darmstadt 1990

Der Mann in der Brandung. Ein Bildbuch über Martin Niemöller. Hg. von Herbert Mochalski. Frankfurt a. M. 1962

Protestant – Das Jahrhundert des Pastors Martin Niemöller. Katalog zur Ausstellung zum 100. Geburtstag. Hg. von Hannes Karnick und Wolfgang Richter. Frankfurt a. M. 1992

Unterwegs zur mündigen Gemeinde. Die evangelische Kirche im Nationalsozialismus am Beispiel der Gemeinde Dahlem. Bilder und Texte einer Ausstellung. Hg. von Gerti Graff u. a. Stuttgart 1982

Was würde Jesus dazu sagen? Eine Reise durch ein protestantisches Leben. Ein Film-Bilder-Lesebuch von Hannes Karnick und Wolfgang Richter. Frankfurt a. M. 1986

9. Dokumentarfilm

Was würde Jesus dazu sagen? Farbfilm von Hannes Karnick und Wolfgang Richter. 110 Min., 16 mm, Darmstadt 1985, docfilm

Namenregister

Die kursiv gesetzten Zahlen bezeichnen die Abbildungen

Über den Autor

Dr. Matthias Schreiber, geb. 1963, ist Pastor der westfälischen Kirche. 1994/95 erhielt er einen Lehrauftrag an der theologischen Fakultät der Waldenser Kirche in Rom und arbeitet seit 1995 im Büro des nordrhein-westfälischen Ministerpräsidenten.

Er schrieb unter anderem Bücher und Aufsätze zu Themen der kirchlichen Zeitgeschichte, zum Beispiel über die Juristen Gustav Heinemann und Friedrich Justus Perels und den Theologen Wilhelm Schümer.

Quellennachweis der Abbildungen

dpa Bildarchiv, Hamburg: 2, 95, 122/123, 126/127, 131, 134, 139

Martin Niemöller-Nachlaß, Zentralarchiv der Evangelischen Kirche in Hessen und Nassau, Darmstadt: 6, 10, 23 (6), 41, 45, 77, 84, 88, 100, 116 oben, 137

Privatbesitz: 13

Aus: Der Mann in der Brandung. Hg. von Herbert Mochalski. Frankfurt a. M. 1962: 15, 16/17, 26, 37, 46, 55, 67, 104 unten, 105, 109, 114, 116 unten, 119

Aus: Martin Niemöller: Vom U-Boot zur Kanzel. Berlin 1934: 22, 30, 33

© VG Bild-Kunst, Bonn 1997: 35

Aus: Protestant – Das Jahrhundert des Pastors Martin Niemöller. Katalog zur Ausstellung zum 100. Geburtstag. Hg. von Hannes Karnick und Wolfgang Richter. Frankfurt a. M. 1992: 39, 132/133

Aus: Was würde Jesus dazu sagen? Eine Reise durch ein protestantisches Leben. Ein Film-Bilder-Lesebuch von Hannes Karnick und Wolfgang Richter. Frankfurt a. M. 1986: 49, 53, 104 oben

Ullstein Bilderdienst, Berlin: 51

Joachim Perels, Hannover: 58

Aus: Eberhard Bethge: Dietrich Bonhoeffer. Reinbek bei Hamburg 1976: 60 (M. und F. Zellweger-Barth, Basel), 74 (Eberhard Bethge, Wachtberg)

Süddeutscher Verlag Bilderdienst, München: 62/63

© Gedenkstätte Deutscher Widerstand, Berlin: 68, 72

docfilm, Darmstadt: 86, 149

KZ-Gedenkstätte Dachau: 91

Nordelbische Kirchenbibliothek, Hamburg: 98

Archiv der Sozialen Demokratie der Friedrich-Ebert-Stiftung, Bonn: 111

Aus: Sybille Niemoeller-von Sell: «Furchtbar einfach, wird gemacht!» Erinnerungen. Berlin/Frankfurt a. M. 1992: 135